Unaufmerksam, hyperaktiv und glücklich

Die Drucklegung dieses Buches wurde ermöglicht durch
die Südtiroler Landesregierung/Abteilung Deutsche Kultur.

Dr. Donatella Arcangeli

Unaufmerksam, hyperaktiv und *glücklich*

Praktische Unterstützung für Eltern und Erziehende
von **Kindern mit ADHS**

Donatella Arcangeli ist Fachärztin für Kinder- und Jugendneuropsychiatrie und Primaria des landesweiten Dienstes für Kinder- und Jugendpsychiatrie/Psychotherapie im Südtiroler Sanitätsbetrieb. Sie ist Expertin für ADHS, Autismus und psychische Gesundheit von Kindern und Jugendlichen. Im Zuge ihrer langjährigen Tätigkeit hat sie der Vergleich von Geschichten, Symptomen, Situationen und Behandlungsansätzen in ihrer Überzeugung bestärkt, dass die erfolgreiche Unterstützung von Kindern mit besonderem Erziehungsbedarf notwendigerweise auch deren Eltern und Lehrpersonen – und somit Maßnahmen zum Parent bzw. Teacher Training – miteinbeziehen muss.
Donatella Arcangeli hat zu diesem Thema auch das Buch *ADHS Praxisnaher Leitfaden für Lehrkräfte an Grundschulen* (Athesia, 2023) veröffentlicht.
www.donatella-arcangeli.it

Für Enea,
meinen lebhaften, spritzigen, wunderbaren Neffen

Einführung

Durch meine Arbeit habe ich seit nunmehr zehn Jahren täglich mit Kindern zu tun, bei denen eine Aufmerksamkeitsdefizit-/Hyperaktivitätsstörung festgestellt wurde. Kinder mit ADHS sind zu Hause wie in der Schule eine Herausforderung und haben für mich eine besondere Faszination: Ihr Gehirn arbeitet blitzschnell und nimmt im Nu Informationen auf, und brennende Interessen können ebenso schnell wieder verschwinden, wie sie aufgetaucht sind.

Ein Kind mit ADHS-Diagnose auf seinem Weg ins Erwachsenenalter zu begleiten kann für Eltern häufig belastend sein. Dieses Buch soll eine Stütze bieten und Ihnen dabei helfen, Ihr Kind kennen und verstehen zu lernen und erfolgreich großzuziehen.

Die Grundschuljahre sind eine wichtige Zeit für die Entwicklung jedes Kindes – und aufgrund ihres besonderen Erziehungsbedarfs für Kinder mit ADHS umso mehr. Sie kommen mit einem „besonderen" Gehirn zu Welt: Wenn wir Erwachsenen ihnen nicht beibringen, wie sie ihre besonderen Fähigkeiten bestmöglich einsetzen können, können sie leicht vom Weg abkommen und dabei ihrem Schul- und Sozialleben erheblichen Schaden zufügen. Es gibt unterschiedliche Arten von therapeutischen Maßnahmen für Kinder mit ADHS: Im Zuge meiner Arbeit hat sich etwa das Parent Training als eine der wirksamsten erwiesen. Dabei handelt es sich um eine Therapiemaßnahme, die Eltern gezielt Einblicke und Wissen rund um das Thema ADHS vermittelt. Nur lenkbare Kinder sind auch erziehbar, und der Alltag mit Kindern mit ADHS kann Eltern immer wieder auf eine harte Probe stellen.

Ich hoffe, ich kann Ihnen mit diesem Buch den Alltag etwas erleichtern und Ihnen zeigen, wie Sie erfolgreich zu „besonderen" Eltern für Ihr „besonderes" Kind werden können.

Viel Freude beim Lesen!

Was ist ADHS?

Das Kürzel ADHS steht für Aufmerksamkeitsdefizit-/Hyperaktivitätsstörung.

Einen guten Ausgangspunkt für die Auseinandersetzung mit dem Thema bilden einige Schlüsselwörter, mit denen das Verhalten von Kindern mit ADHS häufig umschrieben wird: übertrieben, aufgeweckt, lebhaft, flink, schlau, schlecht erzogen, respektlos, gelangweilt. Im alltäglichen Sprachgebrauch hört man nicht selten Ausdrücke wie „hyperaktiv“, „hyperkinetisch“, „Aufmerksamkeitsdefizit“, „mit dem Kopf in den Wolken“, „Zappelphilipp“, „Frechdachs“: Lauter verschiedene Arten, um besonders lebhafte und überschwängliche, ungestüme, energische und starrköpfige, reizbare, oft unordentliche, launische, impulsive, unberechenbare, rastlose, unfolgsame und freche Charaktere mit Anpassungsschwierigkeiten zu beschreiben.

Ebenso gehören Langeweile, Frustration, Prokrastination, Verdruss, Verlangen, Leidenschaft, Wettstreit, Energie zum „ADHS-Universum“. Kinder mit ADHS sind „anders“: Sie wollen unzählige Dinge tun, viele Menschen treffen, ständig in Bewegung sein, niemals verlieren, viel besitzen, intensiv genießen und brauchen viel Abwechslung.

Nach mehr als zehn Jahren klinischer Praxiserfahrung mit Kindern, die an ADHS leiden, muss ich sagen, dass ich das Wort „Störung“ eigentlich unpassend finde.

Es bezeichnet etwas Falsches, Kaputtes – eben etwas „Gestörtes“. Meines Erachtens wirkt der Begriff „Störung“ vor allen Dingen stigmatisierend.

ADHS. Diese vier Buchstaben beschreiben Menschen – in unserem Fall Kinder – mit ähnlichen Verhaltens- und Denkmustern: Kinder, die Verständnis und richtige Erziehung brauchen und keinesfalls als gestörte Problemfälle abgestempelt werden dürfen. Wenn wir Sachverständigen von einer Störung sprechen, weisen wir damit lediglich darauf hin, dass die betroffenen Kinder eingehendes Verständnis und geeignete Erziehungsmaßnahmen brauchen und auf dem Weg ins Erwachsenenalter einer besonderen Behandlung bedürfen.

Für meinen Teil denke ich gar nicht mehr an eine „Störung“, wann immer ich das Kürzel ADHS benutze: Für mich ist es vielmehr ein Überbegriff für bestimmte Kinder, die ich außerdem ausnehmend sympathisch finde. Mich fasziniert ihr einzigartig plastisches Gehirn, das so lebendig, aber gleichzeitig so schwer und umständlich zu formen ist. Solche Kinder sind für mich seit jeher eine spannende Herausforderung, und gerade in diesem Sinne möchte ich Ihnen als Eltern in diesem Buch so viele Mittel und Instrumente wie nur möglich vorstellen, um sich in der Welt und im „besonderen Kopf“ Ihres Kindes mit ADHS zurechtzufinden.

Allzu viele Menschen – Lehrpersonen, Eltern, Großeltern, Erzieherinnen und Erzieher, aber auch Expertinnen und Experten für Kindesentwicklung – glauben bis heute nicht an ADHS, sondern sind der Meinung, übermäßige Unaufmerksamkeit, Hyperaktivität, Rastlosigkeit und Desorganisation bei Kindern seien schlicht und einfach ein Hinweis auf schlechte Erziehung oder Misshandlung. In meinem Buch werde ich aufzeigen, wie irreführend dieser Ansatz ist, und vor allem wie ungeeignet, um betroffenen Kindern über ihre Schwierigkeiten in der Schule oder unter Gleichaltrigen hinwegzuhelfen.

Dazu wollen zunächst analysieren, worum es sich bei ADHS genau handelt.

ADHS – EINE DEFINITION

ADHS ist eine Störung der neuronalen Entwicklung, die während der ersten zwölf Lebensjahre auftritt und sich durch drei typische Symptome äußert: Hyperaktivität, Impulsivität und Unaufmerksamkeit.

- **Hyperaktivität:** Hyperaktive Kinder sind ständig in Bewegung. Sie haben Schwierigkeiten, stillzuhalten und zur Ruhe zu kommen, langweilen sich rasch und brauchen ständige Beschäftigung, die ihre Aufmerksamkeit fesselt. Hyperaktivität bedingt Verhaltensprobleme, da übermäßig lebhafte Kinder nicht leicht zu kontrollieren sind.
- **Impulsivität:** Impulsive Kinder sind ungeduldig, temperamentvoll, sehr energisch und neigen zu Extremreaktionen. Impulsivität führt zu Problemen in den sozialen Beziehungen zu Gleichaltrigen.
- **Unaufmerksamkeit:** Unaufmerksame Kinder sind oft gedankenverloren, lassen sich leicht zerstreuen, bringen Aufgaben nur schwer zu Ende, sind unordentlich, desorganisiert, vergesslich und unbeständig. Unaufmerksamkeit bedingt Lernprobleme und bremst die schulische Leistung.

ADHS ist eine Störung der Gehirnfunktion, die auf eine veränderte Funktion des zentralen Nervensystems zurückzuführen ist: Insbesondere betreffen besagte Veränderungen Nervengruppen, die für die Steuerung von Inhibition und Selbstkontrolle zuständig sind (präfrontaler Kortex und Basalganglien).

Eine ADHS-Diagnose setzt voraus, dass die drei charakteristischen Symptome der Störung – Unaufmerksamkeit, Hyperaktivität und Impulsivität – während der ersten zwölf Lebensjahre auftreten. Das bedeutet allerdings nicht, dass eine spätere Diagnose unmöglich ist: Im Gegenteil kommt es nicht selten vor, dass eine solche erst im Jugendalter gestellt wird, nachdem der oder die betroffene Jugendliche schwerwiegende Verhaltensprobleme manifestiert und etwaige bisherige Schwierigkeiten möglicherweise falsch interpretiert wurden.

Je frühzeitiger die Diagnose, desto eher können die Schwierigkeiten von Kindern mit ADHS korrekt erkannt und genau bestimmt werden – und desto wirksamer sind die therapeutischen Maßnahmen bzw., desto besser der klinische Verlauf und die Prognose.

Betrachten wir nun genauer, worin eine Störung der neuronalen Entwicklung im Detail besteht.

Was sind Störungen der neuronalen Entwicklung?

Der Begriff „Störung der neuronalen Entwicklung“ steht für unterschiedliche Phänomene, die zu atypischen Gehirnfunktionen führen und unabhängig vom Intelligenzgrad eines Kindes spezifische Schwierigkeiten bei der Ausführung von altersgerechten Aufgaben verursachen. Eine genaue Kenntnis dieser Störungen ist unabdingbar, denn häufig treten mehrere davon im Verbund auf und sorgen damit für ein äußerst komplexes Krankheitsbild.

Unter „neuronaler Entwicklung“ versteht man die Ausbildung des zentralen Nervensystems, und damit jene des Gehirns. In der Regel treten Störungen der neuronalen Entwicklung bei Kindern auf, deren

Gehirn gesund und weder lädiert ist noch „Konstruktionsfehler“ aufweist. Schwangerschaft und Geburt verliefen meist problemlos, ebenso wie die psychomotorische Entwicklung während der ersten zwei Lebensjahre. Von den betreffenden Kindern würde man sich daher nicht erwarten, dass sie im Zuge ihres Heranwachsens Verhaltens-, Lern- und Sozialisationsprobleme entwickeln.

Es gibt eine Vielzahl von Störungen der neuronalen Entwicklung, die wir wie folgt einteilen können:

- Kommunikationsstörungen (z. B. Sprachstörungen)
- Autismus-Spektrum-Störungen
- Spezifische Lernstörungen (Dyslexie, Legasthenie, Dyskalkulie)
- ADHS
- Geistige Behinderung
- Motorische Störungen (z. B. Tics, Koordinationsstörungen)

In der Box auf Seite 13/14 werden die häufigsten Störungen der neuronalen Entwicklung näher beschrieben.

„ADHS haben" ist nicht gleich „ein ADHS-Kind sein"

Kommen wir nun zurück zu ADHS: Wie alle Störungen der neuronalen Entwicklung betrifft ADHS vorwiegend das männliche Geschlecht – tatsächlich sind drei von vier betroffenen Kindern Jungen.

Form, Schwere und Ausmaß der drei Hauptsymptome von ADHS – Hyperaktivität, Unaufmerksamkeit und Impulsivität – können während unterschiedlicher Lebensabschnitte des Kindes variieren. Das heißt, dass ein vorwiegend hyperaktives Kind mit ADHS nicht gezwungenermaßen auf ewig hyperaktiv sein muss – und ebenso ist nicht auszuschließen, dass ein Kind mit Aufmerksamkeitsstörung im Jugendalter impulsiv wird. Die Störung entwickelt sich zusammen mit dem Kind: Gerade deshalb ist es äußerst wichtig, dass Betroffene sorgfältig überwacht werden, bis sie einen ausreichenden Grad an Selbstständigkeit, Selbstkontrolle und Selbstmanagement erreicht haben.

Beim Gedanken an Kinder mit ADHS kommen mir unweigerlich die batteriebetriebenen Baby-Puppen von früher in den Sinn: Bei Kindern mit ADHS ist es, als hätten sie eine leistungsstärkere Batterie bekommen, die länger hält und sich ungemein schnell wieder auflädt. Ihr Feuerwerk an körperlicher, geistiger und kreativer Energie kann für ihre Umgebung häufig zur Herausforderung werden.

Weitere Störungen der neuronalen Entwicklung

SPRACHSTÖRUNG

Betrifft Kinder, die bis zum vierten Lebensjahr nicht in der Lage sind, sich in korrekten Sätzen mit altersgerechtem Vokabular und klarer Aussprache auszudrücken.

LERNSTÖRUNGEN

Das Kind ist nach einer an und für sich angemessenen Zeit an der Grundschule (bis zum Abschluss der zweiten/dritten Klasse) nicht in der Lage, sich die erforderlichen Lernkompetenzen für die folgenden Schul- und Erziehungsjahre anzueignen.
Lesestörung (Dyslexie): Schwierigkeiten beim korrekten, flüssigen und schnellen Lesen.
Rechtschreibstörung (Legasthenie): Schwierigkeiten bei der fehlerfreien Rechtsschreibung.
Rechenschwäche (Dyskalkulie): Schwierigkeiten beim Erlernen der vier grundlegenden Rechenoperationen und ihrer Anwendung.

KOORDINATIONSSTÖRUNG (DYSPRAXIE)

Kinder mit dieser Störung haben Schwierigkeiten mit der Fein- und Grobmotorik.

- Mögliche Anzeichen in der Grobmotorik: Ungeschicktheit, Unbeholfenheit, mangelnde Koordination, Gleichgewichtsschwierigkeiten.
- Mögliche Anzeichen in der Feinmotorik: Schwierigkeiten beim Schneiden, Schreiben, Auf- und Zuknöpfen, Öffnen und Schließen von Reißverschlüssen, Schnüren von Schuhbändern, Einfädeln, Zeichnen und schließlich beim Schreiben. Beim Schreiben haben Kinder mit Koordinationsstörung Schwierigkeiten, Zahlen aufzureihen bzw. das Blatt einzuteilen und legen ein unordentliches, schlecht leserliches Schriftbild an den Tag.

AUTISMUS-SPEKTRUM-STÖRUNGEN

Autismus-Spektrum-Störungen oder Autismus sind eine typische Störung der neuronalen Entwicklung. Es liegen keinerlei morphologische Schäden am Gehirn vor, die Schwierigkeiten bei der kognitiven und sozialen Entwicklung des Kindes rechtfertigen würden.

Symptome:

- Kommunikationsdefizit mit Schwierigkeiten, dem Gegenüber die eigenen Bedürfnisse, Interessen und Gedanken verbal zu vermitteln.
- Störung der sozialen Interaktion und Schwierigkeiten in der Wechselbeziehung mit anderen bei Spiel und Kommunikation.
- Stereotype, wiederholte und spezifische Interessen, d. h. eine Neigung, sich für einzelne Spiele und Tätigkeiten zu begeistern und sich darauf zu fixieren.

Das autistische Gehirn ist typischerweise hypersensorisch und nimmt somit akustische, taktile, geschmackliche, olfaktorische und visuelle Reize verstärkt wahr.

GEISTIGE BEHINDERUNG

Zu den Störungen der neuronalen Entwicklung gehören auch kognitive Defizite, die das Lernvermögen eines Kindes im Vergleich zu den altersüblichen Standards einschränken. Betroffene weisen ein einheitliches Defizit quer durch alle kognitiven Fähigkeiten – Sprache, Bewegung, Grafomotorik und Feinmotorik, Auge-Hand-Koordination und schulisches Lernen – auf.

TICS

Unter diese Gruppe von Störungen fallen einfache vorübergehende Tics, komplexe Tics sowie das Tourette-Syndrom (mehrere vokale und komplexe motorische Tics).

ADHS-Symptome können bei vielen Kindern auftauchen – das heißt allerdings nicht, dass jedes lebhafte, unaufmerksame, desorganisierte, antriebslose Kind oder jedes Kind mit Schwierigkeiten in der Schule an ADHS leidet.

Dennoch ist Vorsicht geboten: Wenn ein Kind über sechs Monate lang in mindestens zwei unterschiedlichen Lebensbereichen (folglich in Bereichen mit unterschiedlichen Erziehungsansätzen) lebhaft, desorganisiert, unaufmerksam und impulsiv ist, ist die Diagnose ADHS sehr wahrscheinlich. Damit man allerdings von ADHS sprechen kann, muss auch eine funktionale Beeinträchtigung gegeben sein, d. h., erhebliche Schwierigkeiten in der Schule und/oder im Sozialleben des Kindes.

Liegt keine solche funktionale Beeinträchtigung vor, spreche ich nicht von Kindern, die *ADHS haben*, sondern von *ADHS-Kindern*: Sie weisen zwar eine atypische Gehirnfunktion auf, leiden aber nicht an ausgeprägten Störungen.

Der Unterschied zwischen Kindern, die *ADHS haben,* und *ADHS-Kindern* hängt nicht selten vom soziokulturellen Kontext ab. Unter Sachverständigen wird allgemein davon ausgegangen, dass die klinische Schwelle eben durch das Umfeld bedingt wird, in dem das betreffende Kind aufwächst. Wo geeignete Erziehungsansätze fehlen, wirkt sich die Störung stärker aus – und wie bereits angedeutet ändert sich das Krankheitsbild im Laufe der Kindheit und Jugend häufig.

ADHS-Symptome sind unterschiedliche Dimensionen ein und desselben Kontinuums zwischen Normalität und Pathologie – genau wie die Symptome von Depression (von Melancholie über Traurigkeit bis hin zur voll ausgeprägten Depression), Angststörungen oder Hypertonie. Die klinische Schwelle wird vom Grad der funktionalen

Beeinträchtigung vorgegeben – und die wiederum wird vom spezifischen soziokulturellen Kontext bestimmt.

Eine ADHS-Diagnose ist zudem *dimensional*, wie etwa Übergewicht, Hochdruck, Fieber, und nicht *kategorial*, wie beispielsweise Epilepsie, Diabetes, Malaria: Anders gesagt kann ein Kind *ein bisschen* oder *stark* von ADHS betroffen sein!

SUBTYPEN VON ADHS

Nicht alle Kinder mit ADHS weisen dieselben Merkmale auf. Das liegt zum einen Teil daran, dass jedes Kind einzigartig ist, zum anderen, dass es unterschiedliche Subtypen von ADHS gibt. Der Ausprägungsgrad von ADHS ändert sich außerdem je nach Alter und Geschlecht.

Man unterscheidet folgende Subtypen:

- **Kombinierter ADHS-Typ:** Hyperaktivität, Impulsivität und Unaufmerksamkeit sind bei betroffenen Kindern leicht zu erkennen. Dies ist die „typische" Form von ADHS.
- **Unaufmerksamer ADHS-Typ:** Die betroffenen Kinder wirken oft zerstreut, sind meist sehr feinfühlig und kreativ, ruhig, oft unbeständig und faul und wirken zuweilen etwas verloren.
- **Impulsiver/hyperaktiver ADHS-Typ:** Die betroffenen Kinder sind eindeutig hyperaktiv und schwer zu kontrollieren bzw. in eine Gruppe zu integrieren.

BEGLEITERKRANKUNGEN

Unter diesem Begriff versteht man das gleichzeitige Vorliegen von zwei oder mehreren unabhängigen Störungen. Rund 70 Prozent der ADHS-Betroffenen haben mindestens eine Begleiterkrankung. Die sogenannten Komorbiditäten wirken sich auf Krankheitsbild,

Entwicklung, Prognose und Behandlung aus und verstärken die ADHS des Kindes. Aus diesem Grund ist es wichtig, dass sie frühzeitig erkannt und getrennt behandelt werden.

Wenn ein Kind etwa laut Diagnose ADHS und eine Lernstörung hat (z. B. Dyslexie), ist unbedingt auch eine eigene Dyslexie-Behandlung vorzusehen. Leidet das Kind unter ADHS und Angststörungen, sind die Angststörungen zu behandeln. ADHS darf nicht pauschal zur Begründung sonstiger Schwierigkeiten des Kindes herangezogen werden: Diese gilt es sorgfältig zu untersuchen.

Besonders häufige Begleiterkrankungen

Unter diese Gruppe fallen Begleiterkrankungen, die in 50 Prozent aller Fälle – also bei fünf von zehn Kindern – auftauchen.

- **Oppositionelle Verhaltensweisen:** Eine früh einsetzende Verhaltensstörung, die sich durch eine Neigung des Kindes kennzeichnet, sich absichtlich Regeln zu widersetzen, nicht zu gehorchen und Gleichaltrige und Lehrpersonen zu provozieren. Kinder mit ADHS mit dieser Begleiterkrankung müssen sehr gut unter Kontrolle gehalten werden: Medizinisches Personal, Familie und Schule müssen vernetzt arbeiten und umgehend eingreifen. Fehlt eine angemessene Therapie, besteht für betroffene Kinder ein hohes Risiko einer schwerwiegenderen Entwicklung im Jugendalter.
- **Störungen des Sozialverhaltens:** Eine Störung, die typischerweise nach dem zwölften Lebensjahr auftritt und sich durch willkürlich antisoziale Verhaltensweisen wie Diebstahl, Aggression und Vandalismus manifestiert. Dabei handelt es sich häufig um die negative Weiterentwicklung oppositioneller Verhaltensweisen.

Häufige Begleiterkrankungen

Unter diese Gruppe fallen Begleiterkrankungen, die in 30 Prozent aller Fälle – also bei drei von zehn Kindern – auftauchen.

- **Angststörungen:** Auch Kinder können unter Angstzuständen leiden. Typische Anzeichen in der Kindheit sind Somatisierung (Magen- oder Kopfschmerzen), Schwierigkeiten beim Loslösen von Bezugspersonen sowie übermäßige Sorgen und Ängste. Sehr häufig leiden Kinder mit unaufmerksamem ADHS-Typ unter Angststörungen, die unter anderem durch Schwierigkeiten bei der Erledigung von Aufgaben und bei der Organisation hervorgerufen werden.
- **Lernstörungen:** Wie bereits erwähnt sind solche Störungen eine erhebliche Beeinträchtigung für das Schulleben der betroffenen Kinder und können die Schule zu einer großen Belastung machen.

Mäßig häufige Begleiterkrankungen

Unter diese Gruppe fallen Begleiterkrankungen, die in 15–20 Prozent aller Fälle – also bei zwei von zehn Kindern – auftauchen.

- **Stimmungsstörungen:** Unter diese Kategorie fallen sowohl Depressionen als auch bipolare Störungen. Um zu verstehen, ob ein Kind mit ADHS auch unter einer Stimmungsstörung leidet, werden seine Reizbarkeit, seine Neigung zu Stimmungsschwankungen sowie negative Reaktionen bei Misserfolgen in der Schule, im Sport oder in Beziehungen ausgewertet.
- **Ticstörungen:** Bei vielen Kindern mit ADHS und Tics scheint es mir angesichts ihrer enormen Energie beinahe einleuchtend, dass ihr Gehirn sozusagen als Ventil Tics ent-

wickelt. Wie bereits erwähnt handelt es sich dabei um Störungen der neuronalen Entwicklung, und damit um „Verwandte“ von ADHS, die als solche auch in Kombination damit auftreten können.

Seltene Begleiterkrankungen

Begleiterkrankungen, die in fünf bis zehn Prozent aller Fälle – also bei fünf bis zehn von 100 Kindern mit ADHS – auftauchen.

- **Autismus und geistige Behinderung:** Die Hauptstörung ist in diesen Fällen nicht ADHS. Es gibt Kinder mit Autismus oder geistiger Behinderung, die auch hochgradig hyperaktiv und unaufmerksam sind. In solchen Fällen ist es wichtig, die ADHS frühzeitig zu erkennen, um eine Verschlechterung des Hauptkrankheitsbilds zu vermeiden und eine angemessene Behandlung zu gewährleisten.

ADHS – VERLAUF

Wie wird Ihr Kind sich im Laufe der Jahre wohl entwickeln? Kinder mit ADHS können desorientierend und widersprüchlich wirken: Mal regen sie sich über Kleinigkeiten auf, mal sind ihnen Extremsituationen egal. Alles hängt vom Grad ihrer Aufregung oder Motivation ab, der wiederum von der Gehirnfunktion – genauer, von der ungleichmäßigen Freisetzung von Dopamin und Noradrenalin – vorgegeben wird. Der mögliche weitere Verlauf von Störungen der neuronalen Entwicklung und Entwicklungspsychopathologien ist stets zu berücksichtigen. Vielleicht haben Sie sich nach der ADHS-Diagnose schon die eine oder andere Frage gestellt: „Was passiert wohl in der nächsten Entwicklungsphase?“, „Müssen wir uns jetzt schon darum kümmern oder wird beim Heranwachsen alles von selbst gut?“ oder

„Wie und in welchem Ausmaß wird sich alles, was jetzt passiert, auf das Erwachsenenleben auswirken?“

Falls ja, sollten Sie sich vor Augen halten, dass **Störungen, die im Entwicklungsalter auftreten, Ihr Kind in vielerlei Hinsicht für immer prägen:** Selbstwert, Frohsinn, Selbstständigkeit, Selbstentfaltung, Freundschaften, Ängste, Ambitionen. Kinder mit ADHS brauchen Verständnis, Unterstützung und Hilfe bei der Überwindung ihrer Schwierigkeiten. Übermäßige Rechtfertigung ist ebenso wenig hilfreich wie reines „Dulden“ (es sei denn, das betreffende Kind ist schwer krank oder hat eine Beeinträchtigung).

Werfen wir nun einen Blick auf die Formen, die ADHS in verschiedenen Entwicklungsstufen annehmen kann.

ADHS im Vorschulalter (3–6 Jahre)

Kinder mit ADHS können sehr lebhaft sein, begeben sich häufig in Gefahrensituationen, zeichnen meist ungern, sind manchmal ein bisschen langsam und „zerstreut“. Sie können zuweilen sehr unruhig sein, in der Sprachentwicklung anderen Kindern hinterherhinken und motorisch ungeschickt sein. Es kommt zudem vor, dass Kinder mit ADHS schlecht schlafen und sehr launisch sind.

In diesem Alter ist eine Diagnose etwas problematischer, da die Aufmerksamkeitstests (bei denen das Kind sich über längere Zeit konzentrieren muss) weniger anspruchsvoll sind als im Schulalter. Falls das Kindergartenpersonal meldet, dass Ihr Kind nicht zuhört, Streit mit anderen Kindern sucht, häufig davonläuft oder bei der Tischarbeit nicht stillsitzt, könnte dies ein möglicher Hinweis auf ADHS sein.

ADHS im Schulalter (6–14 Jahre)

Grundschulkinder mit ADHS sind in der Regel unaufmerksam, stören den Unterricht, sind vergesslich, desorganisiert, unselbstständig, unordentlich, streitsüchtig, bleiben nicht an ihrem Platz, halten sich nicht an Abgaben, schreiben ihre Hausaufgaben nicht auf und erledigen sie nicht, lernen im Vergleich zu Gleichaltrigen verzögert Lesen und Schreiben.

Mittelschulkinder mit ADHS wollen abends nicht ins Bett, schlafen spät ein, wollen morgens nicht aufwachen, verhalten sich Eltern und Lehrpersonen gegenüber frech, hören nicht zu, sind faul und respektlos, weigern sich, Sport zu betreiben und nachmittags zu lernen und zeigen keinerlei Einsatz.

ADHS bei Jugendlichen

Bei Jugendlichen mit ADHS kann das Krankheitsbild verschiedenste Ausprägungen annehmen. Einige Betroffene haben Probleme in der Schule: Sie kommen oft zu spät, bleiben unentschuldigt dem Unterricht fern, haben erhebliche Leistungsschwierigkeiten, lernen immer erst auf den letzten Drücker (z. B. erst in den letzten zwei Schulmonaten), sind Lehrpersonen gegenüber respektlos, fallen in der Klasse als negative Anführer auf und integrieren sich schlecht.

Leider können in der Jugend auch schwerwiegende Verhaltensprobleme auftauchen, zum Beispiel Stimmungslabilität (ausgeprägte Reizbarkeit, Wutanfälle, häufige Stimmungsschwankungen, willkürliche Selbstverletzung, Selbstmordgedanken), Alkohol- und Drogenmissbrauch, Hypersexualisierung und häufiger Partnerwechsel und folglich das Risiko einer verfrühten Schwangerschaft. Jugendliche mit ADHS sind häufig Schulabbrecher und haben Schwierigkeiten, eine Ausbildung zu absolvieren. Auch besteht das Risiko von

Straftaten. Besonders schwere Verläufe haben ihren Ursprung meist in den vorhergehenden Jahren und Begleiterkrankungen, aber dazu später mehr.

Im Vergleich zu Jungen mit ADHS sind betroffene Mädchen weniger lebhaft, energiegeladen und „aufgedreht" – dennoch ist eine sorgfältige Kontrolle unabdingbar, denn sie vollziehen im Jugendalter einen größeren Reifungssprung als Jungen und sind in der Folge nicht selten besonders quirlig, unruhig und überdreht.

ADHS bei Erwachsenen

Wenn Jugendliche mit ADHS ohne schwerwiegende funktionale Beeinträchtigungen das Erwachsenenalter erreicht und ihre Schul- oder Ausbildungslaufbahn abgeschlossen haben, müssen sie nur mehr mit ihrer überschüssigen Energie und Impulsivität zurechtkommen. In der Regel erlernen sie beim Heranwachsen geeignete Strategien gegen Desorganisation und Vergesslichkeit, fühlen sich jedoch weiterhin von unzähligen verschiedenen Dingen angezogen und suchen konstant neue Abenteuer und Reize: Erwachsene mit ADHS sind sozusagen „ewig unzufrieden", wenn das Leben eintönig und zur Routine wird. Damit sind stabile Beziehungen und die Verwaltung der eigenen Finanzen eine Herausforderung – aber Herausforderungen können überwunden werden, wenn man sich ihrer bewusst ist, sich damit auseinandersetzt und gegebenenfalls sachkundige Hilfe sucht.

Daneben gibt es bedauerlicherweise Betroffene, die auch im Erwachsenenalter weiterhin schwerwiegende Probleme haben, von einer Arbeit zur nächsten und einer Beziehung zur nächsten irren, Zuflucht in Alkohol und Drogen suchen und ihr Leben nicht im Griff haben. Damit sind meist auch psychische Probleme verbunden.

Aber aufgepasst! Es gibt mehr als genug Betroffene, die als Erwachsene Spitzenpositionen in Arbeit und Forschung innehaben, ihr Leben gekonnt managen und nicht nur eine Inspiration für andere, sondern auch zuverlässige, lebensfreudige Partner und Eltern sind.

Ich möchte an dieser Stelle erneut betonen, dass **die Entwicklung von Kindern mit ADHS zu Erwachsenen mit ADHS maßgeblich von ihren Erfahrungen im Kindesalter beeinflusst** wird. Tatsächlich spricht man von sogenannten „Verlaufsmodifikatoren": Laut dem Diagnostischen und Statistischen Manual Psychischer Störungen *DSM-5* bergen die Muster der Eltern-Kind-Interaktion (d. h., der Erziehungs- und Beziehungsstil der Eltern gegenüber ihrem Kind) in der frühen Kindheit zwar nicht das ADHS-Risiko an und für sich, können sich jedoch auf den Verlauf der Störung oder die Entwicklung paralleler Verhaltensprobleme auswirken.

ADHS – URSACHEN

Die Auslöser für die neurobiologische Störung ADHS sind Fehlfunktionen verschiedener Bereiche und Kreisläufe des Gehirns sowie ein Ungleichgewicht einiger Neurotransmitter (Noradrenalin und Dopamin), die für die Steuerung von Gehirnaktivitäten wie Aufmerksamkeit und Bewegung zuständig sind. Es gibt keine Einzelursache für ADHS: Vielmehr spricht man von einer multifaktoriellen Störung, die durch eine Vielzahl unterschiedlicher – anatomischer, genetischer, biologischer und umgebungsbedingter – Faktoren hervorgerufen werden kann.

Der Ursprung von ADHS ist folglich in Veränderungen der Biologie des Gehirns zu suchen, die durch genetische oder pränatale Faktoren (z. B. Alkohol- oder Drogenkonsum während der Schwangerschaft, stark verfrühte Geburt) verursacht wurden. Wissenschaftliche

Studien haben gezeigt, dass sich Gehirne von ADHS-Betroffenen morphologisch von normalen Gehirnen unterscheiden. Genetische und umgebungsbedingte Faktoren wirken in einer Frühphase der Entwicklung auf verschiedene neuronale Netzwerke ein und bewirken so die neuropsychologischen Defizite, die bei ADHS festzustellen sind.

ADHS und Vererbung

Welche Gene ADHS verursachen, ist bis heute leider nicht bekannt. Dennoch weiß man, dass sie eine wichtige Rolle in der Entwicklung der Störung spielen.

- Die Vererbbarkeit (d. h., die Wahrscheinlichkeit, dass Verwandte ersten/zweiten Grades der betroffenen Kinder ADHS haben) wird auf über 60 Prozent geschätzt.
- Bei Kindern mit ADHS ist die Wahrscheinlichkeit, dass es im Verwandtenkreis eine Person mit derselben Diagnose gibt, vier Mal höher als bei nicht betroffenen Kindern.
- Mindestens ein Drittel aller Väter, bei denen die Störung im Jugendalter festgestellt wurde, hat Kinder mit ADHS.
- Der Großteil aller eineiigen Zwillinge zeigt dieselben ADHS-Symptome.

Es wurden – wenn auch nicht bei allen ADHS-Betroffenen – Veränderungen der Gene festgestellt, allerdings konnte bisher kein bestimmtes Gen als Verursacher der Störung ausfindig gemacht werden. Folglich ist zum heutigen Stand weder eine genetisch-diagnostische Abklärung zur Bestätigung der Diagnose noch eine pränatale Diagnose möglich. Die genetischen Faktoren verändern die Funktion einiger Gehirnbereiche durch Funktionsfehler zweier Substanzen, nämlich der Neurotransmitter Dopamin (aus dem Adrenalin entsteht) und Noradrenalin. Insbesondere sind an der Entstehung von ADHS bestimmte Gene beteiligt, die mit dem Neurotransmitter Dopamin in Verbindung stehen.

ADHS und Morphologie des Gehirns

Die Gehirne von ADHS-Betroffenen weisen in einigen Bereichen neben funktionalen auch strukturelle Abweichungen auf.

Untersuchungen zur Morphologie und zum Stoffwechsel des Gehirns (Magnetresonanztomographie des Gehirns, funktionale PET-Magnetresonanztomographie) haben gezeigt, dass einige Gehirnregionen von ADHS-Betroffenen (präfrontaler Kortex, Striatum, Basalganglien und Kleinhirn) im Vergleich um rund fünf Prozent kleiner sind und einen veränderten Stoffwechsel aufweisen. Die strukturellen Unterschiede sind jedoch zu gering, um signifikant zu sein: Eine Magnetresonanztomographie des Gehirns zur Diagnoseerstellung ist daher eine seltene und vor allem umstrittene Praxis. Mit anderen Worten kann *anhand einer Magnetresonanz keine ADHS-Diagnose* gestellt werden.

Weitere Neuroimaging-Studien haben ergeben, dass Gehirne von Kindern mit ADHS langsamer heranreifen als jene von ADHS-freien Kindern.

ADHS und die Biochemie des Gehirns

ADHS wird durch einen Mangel am Neurotransmitter Dopamin verursacht. Neurotransmitter sind chemische Botenstoffe, die Signale von spezialisierten Nervenzellen (Neuronen) an einen Empfänger (Synapse) übermitteln. Dopamin ist einer der wichtigsten Botenstoffe im Gehirn.

Noradrenalin und Dopamin spielen eine Schlüsselrolle für Denken, Aufmerksamkeit, Erinnerung und Lernen. Sie helfen uns, Gedanken fortzuführen, uns besser zu konzentrieren und erhöhen Wachsamkeit, Motivation und Engagement bei bestimmten Aufgaben. Dopamin ist außerdem ein wichtiger Teil des „Belohnungssystems" unseres Gehirns, das Glücksgefühle auslöst, wenn wir etwa ein Kompliment, ein Geschenk oder Anerkennung für unser Verhalten oder unsere Art bekommen.

Das Wissen um diesen „chemisch-genetischen Defekt" ist grundlegend für Eltern, Erziehungsbeauftragte und Fachleute, die sich mit der kognitiv-verhaltenstechnischen und emotional-affektiven Entwicklung eines Kindes mit ADHS beschäftigen. **Der Mangel an Dopamin bedingt die Fehlfunktion einiger Gehirnbereiche, die für Problemlösung, Organisation, Ausführung, Planung, Toleranz, Erfüllung, Warten und Hemmung zuständig sind.**

Einige Fehleinschätzungen zu den Ursachen von ADHS

Wirkt sich die Ernährung auf ADHS aus?

Früher war in der Medizin auch die Meinung verbreitet, Kristallzucker und Lebensmittelzusätze machten Kinder hyperaktiv und unaufmerksam: Den Eltern wurde daher nahegelegt, die Zufuhr an Lebensmitteln mit Aromen, Konservierungsstoffen und Zucker drastisch zu reduzieren.

Wissenschaftliche Studien haben aufgezeigt, dass diese Maßnahme rund fünf Prozent aller Kinder mit ADHS zugutekam – allerdings handelte es sich dabei um Betroffene mit spezifischen Lebensmittelallergien. Dennoch heißt dies keinesfalls, dass es für Kinder mit ADHS gut ist, wenn sie viel Zucker oder Lebensmittel mit Farb- und Zusatzstoffen aufnehmen. Mehr dazu im Kapitel „ADHS und Ernährung".

Wirkt sich der Lebensstil auf ADHS aus?

Eine neue, sehr umstrittene Theorie besagt, ADHS sei lediglich ein Nebenprodukt unseres hektischen, konsumzentrierten Lebensstils. Die Störung sei eine „moderne Epidemie", die nicht zuletzt auf den vorherrschenden kulturellen Kontext mit seiner Flut an Sofortnachrichten, Videospielen und TV-Sendungen zurückzuführen sei: Die Kinder gewöhnten sich an einen überschnellen Lebensrhythmus und könnten sich daher dem relativ langsamen Rhythmus des Schulalltags nicht mehr anpassen.

Hier ist Vorsicht geboten: Nicht alle hyperaktiven, unaufmerksamen und desorganisierten Kinder haben ADHS. Vor der Diagnose bewerten Expertinnen und Experten das Umfeld, in dem ein Kind aufwächst. ADHS-freie Kinder beruhigen sich nach einer Umstellung des Lebensstils und sind schlicht lebhaft. Tatsächlich betroffene Kinder haben weiterhin und ganz unabhängig vom Lebensstil ADHS. Wie bereits angemerkt kann die Störung je nach Lebensstil *schwach* oder *stark* ausgeprägt sein – denn die klinische Schwelle hängt vom Umfeld ab.

ADHS – DIAGNOSE

Eine ADHS-Diagnose umfasst:

- Einholung von Informationen zum Verhalten des Kindes aus unterschiedlichen Quellen (Schule, Eltern, Sportlehrerinnen und -lehrer usw.)
- Beobachten des Kindes beim freien Spielen
- Neuropsychologische Testverfahren

Die Informationen werden im Rahmen von Gesprächen mit betroffenen Personen oder mithilfe standardisierter Fragebögen („Conners-Skalen") erfasst.

Bei der Diagnose wird das Kind zudem neuropsychologischen Tests unterzogen, anhand derer Intelligenz, kognitive Fähigkeiten (Erinnerung, logisches Denken, Problemlösung), Sprache, Lernvermögen, auditive und visuelle Aufmerksamkeitsspanne ermittelt werden. Außerdem werden etwaige Begleiterkrankungen wie sonstige Störungen der neuronalen Entwicklungen oder Psychopathologien untersucht.

Es gibt keinen eigenen Test zur Feststellung von ADHS, denn die Diagnose beruht auf Beobachtungen. Das bedeutet, dass das Verhalten des Kindes in den vergangenen sechs Monaten in unterschiedlichen Umfeldern analysiert wird, um Krankheiten, Misshandlung oder körperliche und seelische Traumata als Ursache für sein Verhalten ausschließen zu können. Die angewandten Tests geben Aufschluss über die Art der Gehirnfunktion des Kindes und bilden damit die Grundlage für die anschließende Behandlung.

Die Diagnose wird von fachärztlichem Personal der Bereiche Kinderpsychologie und Kinderneuropsychiatrie gestellt. Besteht der Verdacht auf ein Aufmerksamkeitsdefizit, sollte das Kind einer kinderneuropsychiatrischen Visite unterzogen werden.

ADHS – ein Überblick

- ADHS ist keine Schädigung des Gehirns, sondern schlicht die mangelnde Ausbildung der Vernetzungen, die Gefühle, Aufmerksamkeit, Verhalten und Erregung steuern. Betroffene haben daher Schwierigkeiten mit der allgemeinen Selbstregulation.
- ADHS kommt häufig vor.
- ADHS tritt vor dem zwölften Lebensjahr auf.
- ADHS wirkt sich auf den Alltag aus.
- ADHS kann für Betroffene, deren Familie, für die Schule und die Gesellschaft zum Problem werden.
- ADHS wird häufig von zusätzlichen Komplikationen begleitet, weshalb eine umfassende Untersuchung der Störung und eine frühzeitige Behandlung erforderlich sind.
- ADHS wird nicht durch schlechte Erziehung oder einen Überschuss an Zucker und Videospielen ausgelöst.
- Die genetischen Faktoren haben lediglich prädisponierende Wirkung und werden in unterschiedlichem Ausmaß von Umgebungsbedingungen aktiviert. Die Ursachen für ADHS liegen damit im Zusammenwirken von Genen und Umgebungseinflüssen.
- Unter bestimmten Bedingungen können Kinder mit ADHS asymptomatisch sein und „normal funktionieren", während sie unter anderen Bedingungen alle Symptome zeigen und hochgradig dysfunktional sind.
- Bei unzureichender Behandlung kann ADHS zu verschiedenen Problemen führen, nicht zuletzt zu einem geringen Selbstwertgefühl des Kindes angesichts der schlechten Lernerfolge in der Schule.

Mögliche Auswirkungen für Betroffene:

- Höheres Unfall- und Traumarisiko aufgrund ihrer Impulsivität und Unaufmerksamkeit.
- Verkehrsunfälle und Verstöße gegen die Straßenverkehrsbestimmungen.
- Größere Empfänglichkeit für Nikotin- und Drogenkonsum.
- Antisoziale Verhaltensweisen (kleine Diebstähle, Vandalismus).
- Höheres Risiko ungewollter Schwangerschaften im Jugendalter.
- Höheres Risiko einer Ansteckung mit Geschlechtskrankheiten.
- Schwierigkeiten beim Abschluss von Schule/Ausbildung und der Eingliederung in die Arbeitswelt.
- Schwierigkeiten, einen Arbeitsplatz langfristig zu behalten.
- Innerfamiliäre Konflikte und Beziehungsschwierigkeiten (z. B. Aufrechterhaltung von Freundschaften und Partnerschaften).

Psychosoziale Faktoren wie ein dysfunktionales oder unharmonisches, konfliktbelastetes familiäres oder schulisches Umfeld und nicht entwicklungsgerechte Erziehungsmaßnahmen wirken sich stark negativ auf die Schwere der ADHS aus.

ADHS – BEHANDLUNG

ADHS wird multimodal behandelt: Das heißt, dass unterschiedliche Therapiemethoden zur Anwendung kommen können. Die eine schließt die andere nicht aus, aber nicht alle Methoden lassen sich gleichzeitig einsetzen: Der Behandlungsplan muss dem Alter des Kindes, etwaigen Begleiterkrankungen und der funktionalen Einschränkung angepasst werden.

Denken Sie stets daran, dass Ihr Kind mit seiner ADHS wächst, und dass die ADHS sich umgekehrt gemeinsam mit Ihrem Kind entwickelt. Je nach Alter und Lebensabschnitt wird Ihr Kind folglich andere Herausforderungen und Probleme zu meistern haben.

Die Behandlung muss langfristig geplant und so lange fortgeführt werden, bis die betroffene Person erwiesenermaßen sämtliche Störungen in sozialer, zwischenmenschlicher, schulischer und arbeitstechnischer Hinsicht überwunden hat.

Die Pflege- und Therapiemaßnahmen können direkter (am und mit dem Kind) oder indirekter Art sein.

- **Direkte Eingriffe** dienen der Rehabilitation, Psychoedukation, Psychotherapie und der medizinischen Behandlung.
- **Indirekte Eingriffe** hingegen beziehen lediglich die Erziehungsberechtigten (Parent Training) und Lehrpersonen (Teacher Training) der betroffenen Kinder mit ein.

Alle Behandlungsmethoden dienen demselben Ziel: Der Reduzierung der funktionalen Einschränkung des Kindes, damit problematische bzw. gestörte und für seine erwachsenen Bezugspersonen schwer zu kontrollierende Verhaltensweisen gelöst werden. Wenn Kinder mit ADHS einfacher zu kontrollieren sind, sind sie auch einfacher zu erziehen und lernen automatisch, soziale Regeln zu befolgen, erledigen ihre Aufgaben und vermeiden Streit: Nur so ist ein gesundes, unproblematisches Heranwachsen möglich, in dessen Zug die Kinder ihr Potenzial entfalten können.

Ich bin Ärztin und behandle Kinder mit ADHS. Wenn meine Therapie erfolgreich ist, verschwindet zwar die Störung nicht, aber das betroffene Kind wird unproblematisch.

Die richtige Therapie für jedes Alter

Im Wesentlichen hängt der Behandlungsansatz vom Alter des Kindes und von der Schwere der Störung ab.

- **Vorschulalter:** Der Schwerpunkt liegt auf dem Parent Training. In der Folge können Psychomotorik, Ergotherapie oder Logopädie zur Behandlung etwaiger Begleiterkrankungen wie Sprachstörungen bzw. Störungen der Bewegungsorganisation in Betracht gezogen werden.
- **Schulalter:** Bei einer leichten Störung empfiehlt sich eine Kombination aus Elterntraining, Lehrertraining und Verhaltenstherapie. Bei einer mittleren bis schweren Störung hingegen ist eine – idealerweise vor dem neunten Lebensjahr einzuleitende – medizinische Behandlung zu erwägen.

DIREKTE EINGRIFFE

Wie besprochen gibt es folgende Arten direkter Maßnahmen:

- Psychoedukation, individuell oder in der Gruppe
- Psychotherapie
- Medizinische Behandlung

Im folgenden Teil gehen wir im Detail auf die einzelnen Eingriffe ein und erörtern, wie sie Kindern mit ADHS helfen können.

Psychomotorik

Diese Art der Rehabilitation wird in der Regel als Individualtherapie für Kinder zwischen drei und fünf bis sechs Jahren angewandt, kommt jedoch immer wieder auch für Grundschulkinder in der Gruppe oder in der Schule zum Einsatz.

Es handelt sich um eine sehr wirksame Maßnahme für besonders lebhafte, ungestüme Kinder, da sie ihnen hilft, ihre motorische Energie besser zu kanalisieren. Sie ist auch für ungeschickte und ungelenke Kinder zur Rehabilitation der Grafomotorik und Feinmotorik im Vorschulalter geeignet.

In der Psychomotorik-Gruppentherapie lernen Kinder mit ADHS, mit ihrer Frustration, dem Wettbewerb und der Arbeit im Team bei Mannschaftsspielen zurechtzukommen.

Logopädie

Für Kinder im Vorschulalter mit einer Sprachstörung empfiehlt sich die Logopädie.

In über 30 Prozent aller Fälle weisen Kinder mit ADHS weitere Störungen der neuronalen Entwicklungen auf – und eine davon betrifft häufig das Sprechen. Kinder, die spät zu sprechen begonnen haben und mit fünf Jahren noch Ausdrucksschwierigkeiten aufweisen (z. B. Kinder, die unverständlich sprechen, da sie einige Laute nur schwer artikulieren können, oder einen zu vereinfachten Erzählstil für ihr Alter haben) sollten ihre Lese- und Schreibfähigkeit mithilfe der Logopädie aufbessern, damit sie vor dem Schulalter die nötigen Grundvoraussetzungen besitzen.

Damit Sie besser einschätzen können, ob Ihr Kind bereit für die Schule ist (oder bei seinem Schuleintritt bereit war), möchte ich einige dieser Voraussetzungen beschreiben.

- **Aufmerksamkeitsfähigkeit:** Das Kind kann mindestens 20 Minuten lang am Tisch sitzen und eine kognitive Aufgabe ausführen.
- **Grafomotorische Fähigkeit:** Das Kind hält den Bleistift richtig und kann komplexe geometrische Figuren zeichnen, Formen innerhalb der Ränder ausmalen und seinen Namen schreiben.
- **Feinmotorische Fähigkeit:** Das Kind kann mit der Schere eine Form entlang der Ränder ausschneiden und aufkleben, Perlen oder Stecknägel aufreihen.
- **Sprachfähigkeit:** Das Kind verfügt über einen angemessenen Wortschatz, kann Wörter mit demselben Anfangsbuchstaben unterscheiden und buchstabierte Wörter erkennen.

In der Regel arbeiten Kinder im letzten Kindergartenjahr an diesen Fähigkeiten. Meist erkennt das Lehrpersonal bereits im Kindergarten, ob ein Kind Schwierigkeiten hat.

Kinder mit ADHS mögen Zeichnen und vorschulische Übungen meist nicht. Allzu oft wird schlicht akzeptiert, dass jedes Kind seinen Rhythmus hat, und dass die Zeit vor der Schule ausschließlich zum Spielen da ist – tatsächlich ist aber die Vorbereitung auf den Schuleintritt äußerst wertvoll und erspart uns unangenehme Überraschungen. Aber Vorsicht: Ich behaupte keineswegs, dass jedes Kind bereits lesen, schreiben und rechnen können muss, wenn es in die Grundschule kommt.

Abschließend ist die Logopädie *die* Maßnahme schlechthin, wenn ein Kind in der Schule Schwierigkeiten beim Lesen, Schreiben und Rechnen an den Tag legt.

Ergotherapie

Bei der Ergotherapie handelt es sich um eine (in Südtirol, anders als im übrigen Italien, sehr breit angewandte) Rehabilitationsmaßnahme zur Verbesserung der Organisation, Planung und Ausführung von Alltagstätigkeiten. Sie kann bereits im Vorschulalter beginnen und je nach den neuropsychologischen Schwierigkeiten des Kindes über die ersten Grundschuljahre hin andauern. Besonders nützlich ist die Ergotherapie im Vorschulalter zur Verbesserung der motorischen Fähigkeiten (Koordination und Gleichgewicht, Einfädeln, Ausschneiden, Zeichnen), der Aufmerksamkeit (eine Tätigkeit, Aufgabe oder ein Spiel zu Ende bringen) und der kognitiven Fähigkeiten (Aufbau der vorschulischen Fähigkeiten).

Psychoedukation

Die Psychoedukation erfolgt individuell oder in der Gruppe und wird in der Regel von Psychologinnen und Psychologen oder von Erziehungsfachkräften angeboten. Dabei werden Techniken zur besseren Organisation, zur Erkennung der eigenen Schwierigkeiten und zur Selbstkontrolle bei übermäßiger Impulsivität vermittelt. Die Psychoedukation ist das wirksamste Instrument, um Kindern und ihren Eltern eine Hilfe beim Management und der Erledigung von Aufgaben sowie aller Aspekte des Schulalltags zu bieten.

In der Regel richtet sich die Maßnahme an größere Kinder ab neun Jahren, wobei natürlich das lokale Behandlungsangebot ausschlaggebend ist.

Psychotherapeutische Maßnahmen

Psychotherapeutische Maßnahmen kommen allgemein in der Vorpubertät oder in der Pubertät zur Anwendung, denn etwas größere Kinder sind in der Lage, an ihrem Gefühlszustand bzw. an negativen und positiven Emotionen zu arbeiten. Derartige Eingriffe sind für Kinder mit emotionaler Dysregulation und vermindertem Selbstwertgefühl, für reizbare, streitsüchtige und übermäßig ängstliche Kinder und solche, die besonders stark unter ihren schulischen Problemen „leiden", unabdingbar.

SINPIA-Leitlinien zur Behandlung von ADHS

„Jede Maßnahme muss nach Alter, Schwere der Symptome, Sekundärstörungen und kognitiven Ressourcen sowie nach der familiären und sozialen Situation der betroffenen Person ausgerichtet werden."
Auszug aus den Leitlinien der Italienischen Gesellschaft für Neuropsychiatrie im Kindes- und Jugendalter SINPIA (frei übersetzt)

Medikamentöse Behandlung

Seit der Verabschiedung eines Ad-hoc-Gesetzes im Jahr 2007 dürfen in Italien Medikamente zur Behandlung von ADHS bei Kindern verschrieben werden. Laut besagtem Gesetz, an dessen Ausarbeitung italienweit anerkannte Fachkräfte beteiligt waren, dürfen Kinder mit ADHS ausschließlich in entsprechend akkreditierten Zentren medikamentös behandelt werden.

Wenn bei einem Kind eine erhebliche Beeinträchtigung der Lernfähigkeit (d. h. schlechte schulische Leistung) bzw. des Sozialverhaltens (streitsüchtig, stört den Unterricht, missachtet Regeln, integriert sich nicht in die Gruppe der Gleichaltrigen) festgestellt wird und die psychoedukativen Maßnahmen keine Wirkung zeigen, kann eine medikamentöse Behandlung in Betracht gezogen werden.

In der Regel wird eine medikamentöse Behandlung nur bei einem von vier Kindern als notwendig erachtet.

Die Vorstellung, dass Fachkräfte der Kinderneuropsychiatrie ihren kleinen Patientinnen und Patienten Psychopharmaka verschreiben, sorgt immer wieder für Aufregung – allerdings ist die medikamentöse Behandlung von ADHS äußerst wirksam und kann die Prognose und den weiteren Krankheitsverlauf entscheidend beeinflussen.

Derzeitige Medikamente erhöhen die Wirkung von Dopamin an den Synapsen und helfen dem Kind, sich besser auf Aufgaben und Tätigkeiten zu konzentrieren. Werfen wir einen Blick auf die Medikamente, die in Italien zur Behandlung von ADHS eingesetzt werden.

Methylphenidat

Wenn Kinder aufgeregt sind, kommt es zu einer sogenannten phasischen Dopaminfreisetzung: Ihre Neuronen schütten eine große Menge Dopamin in den synaptischen Spalt zwischen zwei Gehirnzellen aus. Bei neuronalen Fehlfunktionen führt dies unmittelbar danach zu einer reduzierten Dopaminkonzentration – und der Botenstoff Dopamin ist, wie wir wissen, äußerst wichtig für Aufmerksamkeit, Wachsamkeit, Konzentration und Motivation.

Methylphenidat steuert vor allem die Freisetzung von Dopamin, aber auch jene von Noradrenalin, einem weiteren erregenden Neurotransmitter (gibt Motivation, Impuls und Energie zum Handeln). Rund 70 Prozent aller Betroffenen reagieren positiv auf die Behandlung mit Methylphenidat. Die Tatsache, dass das Medikament zur Kategorie der Betäubungsmittel und Psychostimulanzien gehört, sorgt häufig für ein gewisses Misstrauen, tatsächlich aber ist Methylphenidat sehr sicher und wirksam, sofern es fachgerecht und umsichtig eingesetzt wird.

Es gibt unterschiedliche Methylphenidat-Formulierungen:

- sofort freisetzend (Wirkungsdauer ca. drei bis fünf Stunden), zur zweimal täglichen Anwendung.
- verzögert freisetzend (Wirkungsdauer je nach Produkt sechseinhalb bis sieben/neun/zwölf Stunden).

In Italien sind sofort freisetzendes Methylphenidat sowie verzögert freisetzendes Methylphenidat mit einer Wirkungsdauer von sechseinhalb bis sieben Stunden erhältlich.

Vor dem Beginn der medikamentösen Behandlung sind eine Blutuntersuchung und ein EKG des Kindes durchzuführen und eine umfassende Anamnese zur Feststellung etwaiger Herz- und Stoffwechselerkrankungen oder psychischer Erkrankungen in der Familie vorzunehmen.

Die erste Verabreichung erfolgt in einer geschützten Umgebung und unter Beobachtung der Vitalparameter samt Beurteilung etwaiger Nebenwirkungen über vier bis sechs Stunden. Das Kind bleibt während dieser Zeit in der Regel in Begleitung eines Elternteils im Krankenhaus und führt Tätigkeiten aus, die es normalerweise anstrengend findet.

Im Laufe des ersten Monats ermittelt der Arzt oder die Ärztin die korrekte Dosis (manchmal sind dafür auch bis zu drei Monate nötig), anschließend wird das Kind alle drei bis sechs Monate am zuständigen Zentrum einer ärztlichen Untersuchung unterzogen.

Die Verschreibung des Medikaments kann – jeweils nur für einen Monat – auf der Grundlage des Therapieplans der behandelnden Fachkräfte für Kinderneuropsychiatrie am zuständigen Zentrum wahlweise von der Kinderärztin oder dem Kinderarzt freier Wahl bzw. von der Hausärztin oder dem Hausarzt vorgenommen werden. Die Verschreibung wird auf dem Rezeptblock für Suchtmittel ausgestellt.

Methylphenidat ist ausschließlich auf vollen Magen einzunehmen. Zu den häufigsten Nebenwirkungen gehörten: Appetitverlust (sehr häufig), Herzrasen, Kopfschmerzen, Bauchschmerzen (bei Einnahme auf leeren Magen häufiger), Schwierigkeiten beim Einschlafen (bei Einnahme am späten Nachmittag). Bedauerlicherweise ist manchmal auch ein sogenannter On-/Off-Effekt festzustellen: Bei nachlassender Wirkung des Medikaments werden die gestörten Verhaltensweisen (Hyperaktivität und Reizbarkeit) stärker. Aus diesem Grund muss für jedes Kind die richtige Dosierung errechnet werden.

Methylphenidat macht nicht abhängig, sondern reduziert vielmehr die Gefahr einer Abhängigkeitsentwicklung im Jugendalter.

Das Medikament muss an einem sicheren Ort außerhalb der Reichweite von Kindern aufbewahrt werden. Methylphenidat darf nie Dritten verabreicht werden. Die Eltern oder deren Stellvertreter müssen sicherstellen, dass das Medikament eingenommen wird. Wie alle Psychopharmaka sollte Methylphenidat nie selbstverabreicht werden.

Die Dauer der Behandlung ist von Fall zu Fall unterschiedlich. In der Regel wird mit den Fachkräften des zuständigen Zentrums Jahr für

Jahr erörtert, ob die Einnahme fortgesetzt oder unterbrochen werden soll.

Atomoxetin

Auch Atomoxetin steuert die Freisetzung von Dopamin und Noradrenalin, zählt im Gegensatz zu Methylphenidat jedoch nicht zu den Betäubungsmitteln. Verschreibung und Einnahme sind im Vergleich problemloser (wird einmal täglich eingenommen, während sofort freisetzendes Methylphenidat mehrmals am Tag einzunehmen ist), allerdings ist die Wirkung etwas schwächer.

Atomoxetin eignet sich für die Behandlung von Kindern mit einer weniger ausgeprägten hyperaktiven Komponente und somit für vornehmlich unaufmerksame/desorganisierte Patientinnen und Patienten oder bei Methylphenidat-Unverträglichkeit.

Aufgrund der langsamen Titration (es dauert mindestens vier Wochen, bis dic optimale Dosis erreicht ist – in diesem Zeitraum zeigt das Medikament in der Regel keine Wirkung) sind Kopfschmerzen, Bauchschmerzen, Herzrasen sowie Schlafstörungen oder Verhaltensänderungen möglich.

INDIREKTE EINGRIFFE

Ich bin fest vom Wert indirekter Behandlungsmaßnahmen überzeugt – vor allem jener, die sich an Erwachsene richten, um indirekt Kindern mit ADHS zu helfen. Aus diesem Grund habe ich bereits ein Buch für Lehrpersonen veröffentlicht und nun dieses hier eigens für Eltern geschrieben. Für mich sind diese beiden Veröffentlichungen mein Beitrag zum ADHS-Universum und meine Hilfestellung für Kinder, die ich nicht persönlich betreuen kann. Wir haben bereits erörtert, dass Kinder mit ADHS nicht krank, sondern lediglich dysfunktional sind. Sie sind Kinder und haben damit ein formbares, erziehbares und konditionierbares Gehirn – im Guten wie im Schlechten. In dieses Buch habe ich meine gesamte Erfahrung mit indirekten Behandlungsmaßnahmen für Kinder mit ADHS gepackt. Ein großer Teil meiner Arbeit betrifft Lehrpersonen und Eltern, und die Ergebnisse sind in der Regel überaus zufriedenstellend: Die Erwachsenen, die ich kennenlerne, sind stets wissbegierig und wollen erfahren, wie man am besten mit Kindern mit ADHS umgeht.

Teacher Training

Sinn und Zweck dieser indirekten Maßnahme ist es, Lehrpersonen die nötigen Kenntnisse zur psychischen Funktionsweise von Kindern mit Störungen (Entwicklungs- und Verhaltensstörungen oder psychischen Störungen) zu vermitteln, damit sie spezifische – und damit wirksame – Erziehungs- und Lehrtechniken anwenden und mit den behandelnden Fachkräften der betroffenen Kinder erfolgreich kommunizieren lernen.

Damit das Teacher Training funktioniert, ist didaktische Kontinuität unabdingbar: Leider muss ich aber aufgrund ständiger Personalwechsel allzu oft Grundkonzepte für ein und dasselbe Kind wiederholen. Deshalb möchte ich Ihnen nahelegen, für Ihr Kind didaktische Kontinuität (nicht personelle Kontinuität, die unmöglich zu gewährleisten wäre) einzufordern: Mit anderen Worten sollten die Lehrpersonen Ihres Kindes sich seiner Schwierigkeiten bewusst und jederzeit umfassend darüber informiert sein – selbst, wenn sie ihren Dienst eben erst angetreten haben.

Parent Training

Mit dem Parent Training lernen Eltern, wie sie die besonderen Lernanforderungen ihres Kindes erfüllen können. Das Training kann individuell, also an die Eltern eines einzelnen Kindes mit ADHS gerichtet sein, oder in der Gruppe für Eltern von betroffenen Kindern derselben Altersgruppe erfolgen.

Individuelles Parent Training hat eine *psychoedukative* Komponente – die Eltern erfahren, wie sie den Alltag ihrer Kinder mit ADHS bewältigen – und eine *therapeutische* Komponente, bei der sie über ihre Reaktion auf problematische Verhaltensweisen des Kindes reflektieren und die Motivation dahinter verstehen lernen. Im Laufe der Jahre bin ich zu dem Schluss gekommen, dass das Parent Training die wichtigste Maßnahme bei ADHS ist, und meine Erfahrung mit diesem Ansatz bildet die Grundlage für die nächsten Kapitel dieses Buchs.

Abschliessende Bemerkungen

Es gibt keine Universalbehandlung: Vielmehr gilt es, eine geeignete Therapiemethode für die individuellen Schwierigkeiten Ihres Kindes ausfindig zu machen.

Kinder mit ADHS – Umgang im Alltag

ADHS UND SCHLAF

Wissen

Die Schlafenszeit kann für Kinder mit ADHS eine wahre Herausforderung sein: Viele Betroffene sind abends wacher als am Morgen, befinden sich in einem übersteuerten Erregungszustand (Hyperarousal), können nur schwer abschalten und versuchen, mit allen Mitteln aktiv zu bleiben. Bereits ab den ersten Lebensmonaten können Kinder mit ADHS (deren Störung selbstverständlich noch nicht festgestellt wurde) eindeutig atypische Schlaf-Wach-Muster an den Tag legen. Viele Eltern von Kindern, bei denen später ADHS festgestellt wurde, berichten von Schlafstörungen während der ersten drei Lebensjahre, lediglich kurzen Ruhepausen untertags anstelle des üblichen Nachmittagsschlafs, häufigem Erwachen während der Nacht und kaum zu beschwichtigender Unruhe.

Ab einem Alter von drei Jahren schlafen Kinder mit ADHS in der Regel besser, wenn sie auch ihren Eltern zufolge weiterhin unermüdlich sind und rund um die Uhr viel Energie zu haben scheinen. Bei genauerem Hinsehen ist allerdings festzustellen, dass betroffene Kinder untertags immer wieder Ruhepausen einlegen und sich in der Regel hinlegen – oft sogar direkt auf den Boden: Sie müssen kurz innehalten, eine Schlafpause einlegen und „ihre Batterien aufladen", und sind danach wacher als vorher.

Eltern werden oft von der Energie ihres Kindes geradezu zermürbt und erreichen am späten Abend einen Punkt, an dem sie von den Mühen des Tages übermüdet sind, während ihr Kind noch voller Energie steckt.

Hier stellen sich Schlafprobleme ein: Das allabendliche Ritual (Pyjama anziehen, aufs Klo gehen, Zähne putzen) wird zur Anstrengung, da das Kind sich widersetzt oder überreizt ist und alles als Spiel wahrnimmt. Ist es schließlich im Bett, schläft es nur sehr schwer ein: Tatsächlich hat die Gutenachtgeschichte manchmal die entgegengesetzte Wirkung und weckt das Kind erst richtig auf – mal soll die Geschichte nicht aufhören, mal hüpft das Kind quietschfidel im Bett auf und ab.

Was passiert aber, wenn es heranwächst? Die Eltern stellen fest, dass das Kind mehr schlafen müsste, um weniger überreizt zu sein – aber je größer es wird, desto widerwilliger hält es sich an Schlafzeiten. Abends arbeitet das Gehirn häufig auf Hochtouren, und vor allem ab dem Beginn der Vorpubertät (etwa ab einem Alter von zehn bis elf Jahren) wird das morgendliche Aufstehen zusehend schwieriger.

Das veränderte Schlaf-Wach-Muster von Kindern mit ADHS wird von der Freisetzung der stimulierenden Botenstoffe Dopamin und Noradrenalin gesteuert. Das Problem dabei ist, dass sich dieser Biorhythmus häufig vom typischen Muster ihrer Altersgruppe und von dem ihrer Eltern radikal unterscheidet.

Nichtsdestotrotz gilt: **Selbst wenn Ihr Kind scheinbar Superkräfte besitzt, braucht es ausreichend Schlaf, damit sich Körper und**

Geist ausruhen können. Je müder es ist, desto unruhiger und gereizter, und desto schwieriger schläft es ein.

Verstehen

Schlaf ist ein heikles Thema: Ein gut ausgeruhtes Kind ist untertags weniger quengelig – und das wiederum erleichtert das Leben der Eltern ungemein.

Wir haben gesehen, dass Kinder mit ADHS besondere Schlaf-Wach-Muster haben und bereits mit wenig Ruhe wieder viel Energie tanken. Das heißt allerdings nicht, dass sie weniger Schlaf brauchen als Gleichaltrige ohne ADHS. Ganz im Gegenteil liegt ihr Problem einzig darin, dass sie länger durchhalten – und je müder sie werden, desto impulsiver und unkontrollierbarer sind sie.

- Nehmen Sie sich etwas Zeit, um den Ruhebedarf Ihres Kindes zu analysieren: Braucht es Schlaf, um seine Batterien zu laden, oder reichen zehn Minuten Pause?
- Wie verhält es sich bei Ihnen selbst? Bekommen Sie ausreichend Schlaf und Ruhe? Halten Sie sich stets vor Augen, dass Eltern von Kindern mit ADHS Superkräfte brauchen: Dazu benötigen Sie ausreichend langen und vor allem guten Schlaf.
- Rauben Ihnen die Schlafprobleme Ihres Kindes den letzten Nerv? Sind Ihre Abende zu Hause ein Albtraum? Wie sieht es morgens aus?

Analysieren Sie folgende Aspekte sorgfältig:

- Ruhepausen/Entspannung untertags,
- Rituale vor dem Schlafengehen,
- Einschlafen,
- nächtliches Aufwachen,
- morgendliches Aufwachen.

Handeln

Hier möchte ich Ihnen einige praktische Ansätze je nach Alter Ihres Kindes vorstellen.

0–3 Jahre

Ein regelmäßiger Rhythmus ist für Kinder ungemein wichtig. Was zählt, ist nicht die Länge der Ruhepausen (eine Stunde oder länger), sondern ihre Regelmäßigkeit. Wenn ein Kind gereizt, nervös und schwer kontrollierbar ist, braucht es Entspannung. Aufgepasst bei Nickerchen im Auto: Schläft Ihr Kind nach 16 Uhr, wird es sehr schwierig, es vor 20.30 Uhr ins Bett zu bekommen.

Seien Sie vor allem gegen Abend geduldig, denn Kinder mit ADHS können, wie wir bereits gesehen haben, zu dieser Zeit besonders gereizt und unruhig sein. Abends benötigen Sie sensorische Entspannung: ein langes Bad, Musik, eine Ölmassage. Zahnärztinnen und Zahnärzte werden meinen nächsten Tipp nicht sonderlich schätzen, aber ich halte es für nützlich, den richtigen Schnuller für das Kind zu finden und es an sein Übergangsobjekt (Decke, Stofftier, ...) heranzuführen.

Gewöhnen Sie Ihr Kind nicht daran, in Ihrem Bett zu schlafen oder dass Sie bei ihm schlafen: In dieser Phase muss es lernen, sich von Erwachsenen zu trennen. Sie können selbstverständlich bei ihm bleiben, bis es einschläft – wenn Sie aber bei ihm schlafen, führt dies lediglich zu Verunsicherung.

3–6 Jahre

Rituale vor dem Einschlafen sind in diesem Alter sehr wichtig. Versuchen Sie, abends das ganze Zuhause „herunterzufahren“, damit Ihr Kind merkt, dass der Tag für die gesamte Familie zu Ende geht.

Schalten Sie also Fernseher und Licht ab und legen Sie Handy und Tablet beiseite. Erheben Sie Ihre Stimme selbst dann nicht, wenn Ihr Kind provoziert, sich windet, sein Pyjama nicht anziehen oder seine Zähne nicht putzen will und rebelliert.

6–10 Jahre

Wenn Ihr Kind in diese Altersklasse fällt, verlieren Sie vermutlich leichter und öfter die Geduld, wann immer Ihre Vorgaben missachtet werden. Allerdings sind Ärger und Zurechtweisungen besonders abends völlig kontraproduktiv. Am Abend sind Sie selbst müde, Ihr Kind ist es auch, gibt aber nicht nach – ein kleiner Funke genügt, und die Stimmung kippt.

Hier gilt es, den Ablauf im Haus zwischen 19 und 21 Uhr zu überdenken. Geben Sie Ihrem Kind nach dem Abendessen keine elektronischen Geräte in die Hand und vermeiden Sie Filme und Fernsehen. Alternativ dazu sollten Sie ein geeignetes Programm wählen und gemeinsam mit Ihrem Kind schauen. Geben Sie dabei auf keinen Fall die Fernbedienung aus der Hand: Besonders bei Smart-Geräten genügt ein Augenblick der Unachtsamkeit Ihrerseits, damit Ihr Kind möglicherweise nicht altersgerechte oder nicht für die Schlafenszeit geeignete Inhalte abruft.

Je größer und selbstständiger das Kind wird, desto schwieriger wird es natürlich auch, den Haushalt „herunterzufahren", um das Schlafengehen zu erleichtern. Denken Sie aber stets daran, dass es für Ihr Kind schwierig ist, gegen seinen Wachdrang anzukommen, solange die Familie noch auf den Beinen ist. Ich spreche bewusst von einem Wach*drang*, denn genau darum handelt es sich: Kinder mit ADHS sind abends noch sehr aktiv und verspüren keinerlei Bedürfnis, schlafen zu gehen.

Vermeiden Sie daher Zurechtweisungen, Geschrei, Drohungen und Strafen: So müde Sie auch sein mögen – Sie müssen lernen, jegliche Provokation zu ignorieren. Wenn Ihr Kind nach dem Schlafengehen unter welchem Vorwand auch immer – Durst, Klo, … – immer wieder aufsteht und kein Mittel zu helfen scheint, wenden Sie sich an Ihre Kinderärztin oder Ihren Kinderarzt: Ein paar Tropfen Melatonin können zum Einschlafen sehr hilfreich sein. Der Stoff wird an und für sich natürlich im Gehirn gebildet, aber im Handel sind zahlreiche Nahrungsergänzungsmittel mit synthetisch hergestelltem Melatonin erhältlich, das auch für Kinder gut verträglich und sicher ist.

ADHS UND ERNÄHRUNG

Wissen

In diesem Kapitel setzen wir uns mit der Beziehung zwischen Ernährung und ADHS ab der frühsten Kindheit auseinander.

Besonders hyperaktive Kinder mit ADHS haben rund um die Uhr Hunger und essen gierig und überstürzt. Sie können bei Tisch kaum stillsitzen und warten, bis sie an der Reihe sind oder die einzelnen Gänge aufgetischt werden. Sie haben meist Schwierigkeiten, über die gesamte Dauer der Mahlzeit bei Tisch sitzen zu bleiben. Wie auch anderswo können sie bei Tisch laut sein – etwa, weil sie laut reden oder beim Essen Geräusche machen. „Unzivilisiertes" Essverhalten und der falsche Umgang mit Besteck können auf andere Gäste störend wirken (mehr dazu im Kapitel „ADHS bei Tisch").

Damit missachtet das Kind häufig die Bedürfnisse seiner Mitmenschen, aber denken Sie bitte stets daran: **Dahinter steckt keinerlei Absicht – das Kind verhält sich nicht bewusst so.** Essen ist für Kinder mit ADHS nur Nahrungsaufnahme, und damit ein

Selbstzweck. Das gemeinsame Essen wird nicht notwendigerweise als Beisammensein, sondern eher als Zeitverschwendung wahrgenommen, die das Kind von seinen Interessen abhält. Manche Mütter von Kindern mit ADHS berichten, dass ihre Kleinen schon an der Brust gierig und hastig wirkten.

Da Kinder mit ADHS ständig in Bewegung sind, haben sie unentwegt Hunger und suchen immer wieder nach Essen. Diese Information ist wertvoll, denn vor allem in einem Alter, in dem sich Kinder noch nicht verbal mitteilen können („Ich habe Hunger"), kann sie das Hungergefühl besonders nervös machen. Wenn eine Speise sehr gut, geschmacksintensiv und befriedigend wirkt, neigen Kinder mit ADHS aufgrund ihrer Schwierigkeiten bei der Selbstkontrolle und ihres Hangs zur Übertreibung dazu, zu viel davon zu essen.

Ein eigenes Kapitel ist in diesem Sinne das Verhältnis von Kindern mit ADHS zu ungesunden Lebensmitteln: Chips, Bonbons, zuckerhaltige Getränke, stark gesüßte Speisen, Streichcremes, Frittiertes usw. Wenn Ihr Kind Bonbons mag, werden Sie bemerkt haben, dass es sich mit einem einzigen nicht zufriedengibt, sondern dazu neigt, rasch eine ganze Packung davon zu vernaschen: Ganz so, als bekäme es nicht genug. Weshalb sollte es auch auf etwas besonders Gutes und Wohlschmeckendes verzichten? Genuss – auch Genuss durch Wohlgeschmack – wird von Kindern mit ADHS im Gehirn verstärkt wahrgenommen: Daher möchten sie von besonders genussvollen Speisen stets mehr. Aus diesem Grund ist es umso wichtiger, schlechten Essgewohnheiten und Junkfood frühzeitig einen Riegel vorzuschieben, denn Kinder mit ADHS neigen zur Völlerei und entwickeln rasch eine gewisse Abhängigkeit davon: Sie bekommen von Fast- und Junkfood Glücksgefühle und sind nur dann „brav", wenn sie Süßigkeiten, Chips, Sodagetränke usw. bekommen.

Ist Zucker schädlich für Kinder mit ADHS?

Ich möchte gleich zu Beginn klarstellen, dass eine zuckerfreie Ernährung keine *spezifische Behandlungsmethode* für ADHS ist. Als Ärztin ist es selbstverständlich meine Pflicht, darauf hinzuweisen, dass Lebensmittel mit hohem glykämischem Index in großen Mengen *für alle Kinder* – ob mit oder ohne ADHS – sehr schädlich sind.

Bei Kindern mit ADHS gesellen sich zwei weitere Faktoren zu den damit verbundenen gesundheitlichen Problemen:

- Übererregung nach der Zuckereinnahme,
- Maßlosigkeit.

Wenn Kinder mit ADHS Süßigkeiten zu sich nehmen, ist häufig eine regelrechte Erregung festzustellen: Der Zucker sorgt für einen raschen Energieschub. Aber Vorsicht: Die „Zauberwirkung" lässt ebenso schnell nach, wie sie aufgrund der Blutzuckerspitze nach der Einnahme eintritt, und das Kind wird reizbar und ungeduldig oder – noch schlimmer – macht sich gleich wieder auf die Suche nach weiterem Junkfood. Bekommt es weiter Süßigkeiten, hat es einen Weg gefunden, um wieder neue Energie zu tanken – und darin liegt das eigentliche Problem.

Jugendliche mit ADHS haben oft eine besondere Vorliebe für süße und koffeinhaltige Aufputschgetränke.

Verstehen

An dieser Stelle bitte ich Sie, kurz innezuhalten und über das Verhältnis Ihres Kinds mit ADHS zum Essen nachzudenken.

- Hat Ihr Kind eine Vorliebe für ungesunde Lebensmittel? Wenn ja, welche?
- Woher bekommt es Junkfood?

- Wie viel Zucker nimmt es im Laufe eines Tages zu sich?
- Kaut es ausreichend vor dem Schlucken?
- Isst es sauber und ordentlich?
- Isst es hastig und neigt zum Schlingen?
- Isst es regelmäßig fünfmal am Tag (Frühstück, Mittagessen, Abendessen und zwei kleine Snacks, jeweils am Vormittag und am Nachmittag)?

Handeln

Zuallererst sollten Sie Ihr eigenes Verhältnis zur Ernährung unter die Lupe nehmen. Können Sie „Nein" sagen, wenn es darauf ankommt?

Bedenken Sie, dass Ihr Kind oft Hunger und Durst hat: Gewöhnen Sie es daher daran, am Vormittag und am Nachmittag und, falls nötig, vor dem Schlafengehen kleine Snacks zu sich zu nehmen, etwa frisches Obst oder Trockenobst, Brot und sonstige Backwaren, Joghurt, Müsli, Smoothies, Säfte, Käsewürfel. Vermeiden Sie abgepackte Süßwaren (sind stets sehr zuckerhaltig) und gezuckerte Getränke.

Wenn Kinder Junkfood mögen, dann, weil sie es kennen – und das wiederum heißt, dass es ihnen angeboten wurde. In der Regel besorgen sich Kinder ihr Essen nicht von selbst! Kaufen Sie also kein Junkfood, oder bewahren Sie es außerhalb der Reichweite Ihres Kindes auf. Wenn Ihr Kind weiß, dass Snacks, Bonbons und sonstige Süßigkeiten im Haus sind, kann es sich nur schwer kontrollieren. Falls Sie bei jedem Einkauf mit Ihrem Kind Süßigkeiten, Chips oder Cola mitnehmen, sollten Sie in Zukunft lieber allein einkaufen gehen.

Im Idealfall weiß Ihr Kind nicht, was in der Vorratskammer und im Kühlschrank aufbewahrt wird: Die Küche sollte das alleinige Reich der Erwachsenen sein. Selbstverständlich dürfen Kinder beim Kochen, beim Tischdecken und beim Abräumen helfen oder Einkäufe wegräumen, allerdings sollten sie zu keiner Tageszeit selbst Lebensmittel nehmen dürfen – schon gar nicht, ohne zu fragen.

Der Grund dafür ist ganz einfach: Wie es für Kinder normal ist, werden sie aller Wahrscheinlichkeit nach nur die guten Dinge herauspicken und gesunde, nahrhafte Lebensmittel links liegen lassen.

Aber Vorsicht: Wenn Sie Ihrem Kind vollständig verbieten, Leckereien zu essen, wird das Verlangen durch das Verbot nur gesteigert. **Ihre Aufgabe ist es, Grenzen zu setzen, da Ihr Kind dies selbst nicht kann: Sagen Sie entschieden „Nein", wenn nötig – aber stets mit einem Lächeln.** Das Lieblingsessen Ihres Kindes sollte also nicht ganz gestrichen werden, aber vielmehr als Belohnung in besonderen Situationen verwendet werden – andernfalls werden ungesunde Leckereien rasch zur schlechten Angewohnheit: Wann immer Ihr Kind sie nicht bekommt, wird es besonders hartnäckig darum betteln, und Sie laufen Gefahr, nachzugeben.

ADHS BEI TISCH

Wissen

Nachdem wir im letzten Kapitel die Beziehung von Kindern mit ADHS zur Ernährung analysiert haben, setzen wir uns nun mit einem eng damit verbundenen Thema auseinander, nämlich mit dem Verhalten bei Tisch.

Es ist Ihnen mit Sicherheit schon passiert, dass Sie Ihr Kind zurechtweisen mussten, weil es bei Tisch nicht stillsitzen kann und mit dem Besteck spielt. Dabei muss man sich stets vor Augen halten, dass Kinder mit ADHS Langeweile besonders stark empfinden – und bei Tisch sitzen ist nun einmal langweilig. Für uns mag ein Essen wichtig sein, weil wir es als Gelegenheit zum Beisammensein, zum Austausch und zur Unterhaltung wahrnehmen: Für ein Kind mit ADHS ist es allerdings nichts anderes als eine Gelegenheit zur Nahrungsaufnahme, und das qualvolle Stillsitzen ergibt keinen Sinn. **Beachten Sie stets, dass Ihre Vorschläge und Anweisungen für Ihr Kind Sinn ergeben müssen, denn nur so wirken Sie in seinen Augen glaubwürdig.**

Für viele Kinder mit ADHS ist die Mittagspause in der Schulmensa sehr problematisch: Lehrpersonen berichten, dass betroffene Kinder aufstehen, laufen, lärmen und die Situation oft nur mit mehr Personal kontrollierbar ist.

Ebenso kompliziert kann für Sie Essen im Restaurant oder mit Gästen sein.

Verstehen

Planen Sie mindestens eine Woche ein, um sich wie durch eine Kameralinse von außen zu beobachten.

- Verfolgen Sie aufmerksam, was an Ihrem Esstisch geschieht, welche Sätze Sie immer wieder sagen, weshalb Sie Ihr Kind immer wieder zurechtweisen. Wenn Sie den Eindruck haben, bei jedem Mittagessen spielt sich dieselbe Szene ab, ist es an der Zeit für eine Drehbuchänderung.
- Konzentrieren Sie sich auf sich selbst: Genießen Sie das gemeinsame Essen mit Ihren Kindern oder fühlen Sie sich nach jeder Mahlzeit gestresst? Das Essen darf auf keinen Fall ein Stressfaktor sein: Im Gegenteil soll es für Sie ein ruhiger Moment sein, bei dem Sie innehalten, sich entspannen und Kraft tanken können.

Handeln

Nun gilt es, schlechte Angewohnheiten loszuwerden: Was man sich allzu schnell angeeignet hat, ist immer schwer – aber nicht unmöglich – abzulegen. Was ist sinnvoll und was nicht?

- **Sinnvoll:** Das Kind muss imstande sein, ohne elektronische Geräte bei Tisch zu sitzen, sich auf das Essen zu konzentrieren und Junkfood nur in Maßen zu sich zu nehmen.
- **Nicht sinnvoll:** Verlangen, dass das Kind stillsitzt, nicht aufsteht, bevor alle fertiggegessen haben, denselben Geschmack hat wie Sie selbst und alles isst, was Sie für gut und gesund halten.

Versuchen Sie, flexibel und konsequent zu sein. Solange Ihr Kind noch klein ist – etwa bis zu einem Alter von sechs Jahren –, kann es getrennt vom Rest des Haushalts mit einem Erwachsenen am großen Tisch oder zusammen mit den Geschwisterchen an einem eigenen kleinen Tisch essen. Bereiten Sie einfache Gerichte zu, von denen Sie sicher sind, dass es sie essen wird, und achten Sie auf ein ausgeglichenes Verhältnis von Geschmack, Menge und Nährwert. Verzichten Sie bei Tisch auf kohlensäurehaltige Getränke und zuckerhaltige Säfte. Mit dieser „Basic"-Variante machen Sie sich in jedem Fall das Leben leichter.

Nehmen Sie sich die nötige Zeit, um während der gesamten Mahlzeit bei Ihrem Kind zu bleiben: 20 Minuten reichen für ein Mittagessen in der Regel aus.

Sie können auch gemeinsam die Lieblings-Zeichentrickserie Ihres Kindes schauen – wichtig ist, dass Sie dies *gemeinsam* tun, und dass das Kind nicht vor dem Fernsehgerät, Smartphone oder Tablet isst.

Gehen Sie langsam zu Mittag- oder Abendessen mit der gesamten Familie über, aber stecken Sie Ihre Erwartungen nicht zu hoch: Ihr Kind wird nicht imstande sein, gleich lange bei Tisch zu sitzen, wie die Erwachsenen – und das nicht aus mangelnder Erziehung. Halten Sie sein Lieblingsspielzeug bereit und erlauben Sie Ihrem Kind bei langen Wartezeiten zwischen den Gängen zu spielen, allerdings ohne die Tischgemeinschaft zu stören. Bereiten Sie es darauf vor, erklären Sie, was Sie von ihm erwarten und treffen Sie Vorbereitungen für etwaige Wartezeiten, während derer sich Ihr Kind langweilen könnte.

Behalten Sie Vorratskammer und Kühlschrank gut im Auge: Ihr Kind darf sich nichts selbst aus der Küche holen, andernfalls wird es zur Essenszeit keinen Hunger haben. Stellen Sie aber kleine, gesunde Snacks für untertags bereit: ungezuckerte Fruchtsäfte, Wasser, geschnittenes Obst, Brot oder Brotscheiben, Trockenobst – nach Möglichkeit keine gesalzenen oder gezuckerten Häppchen. Außerdem sollten Sie Ihren Kühlschrank so einräumen, dass Ihr Kind seine Lieblingsnaschereien nicht findet.

Selbstverständlich braucht es Belohnungen wie Süßigkeiten, Eis oder den Lieblingsburger – allerdings sollten sie stets für besondere Momente aufgespart werden.

Falls Ihr Kind absolut nicht ruhig bei Tisch sitzen kann und gleich nach dem Essen laufen muss, obwohl Sie eine ruhige Beschäftigungsmöglichkeit vorbereitet haben, sollten Sie auf Essen im Restaurant bzw. bei Freunden oder Verwandten verzichten. Seien Sie geduldig: Die übermäßige Hyperaktivität legt sich nach den ersten sechs bis neun Lebensjahren etwas. Organisieren Sie stattdessen lieber gemeinsame Tätigkeiten im Freien, wo Ihr Kind sich austoben kann. Alternativ dazu können Sie ausnahmsweise auch einen passenden Film aussuchen, den es schauen darf, während Sie essen (manchmal heiligt der Zweck doch die Mittel) – wichtig ist, dass Sie die Auswahl treffen, und dass Internet und Videospiele außer Reichweite sind.

Falls Ihr Kind mit Mahlzeiten nur schwer umgehen kann, sollten Sie nicht erwarten, dass es bei Tisch bleibt, bis alle fertig gegessen haben: Damit ist problematisches Verhalten so gut wie vorprogrammiert. Erlauben Sie ihm stattdessen, nach dem Essen spielen zu gehen, während Sie gemütlich fertig zu Mittag oder zu Abend essen.

Machen Sie sich nicht selbst unnötig das Leben schwer: Früher oder später wird Ihr Kind das Beisammensein bei Tisch schätzen lernen.

ADHS, ORDNUNG UND RAUMEINTEILUNG

Wissen

Bevor wir zum Thema Ordnung kommen, müssen wir uns mit einem anderen Konzept auseinandersetzen: Wie erleben Kinder mit ADHS den Raum?

Beobachten Sie Ihr Kind aufmerksam: Es füllt den Raum, erforscht und besetzt ihn – und neigt auch dabei zur Übertreibung. Kinder mit ADHS haben Schwierigkeiten damit, an ihrem Platz zu bleiben und den Raum ihrer Mitmenschen zu respektieren. Der Grund liegt darin, dass sie aufgrund ihrer impulsiven, unüberlegten Natur nicht verstehen, weshalb andere Menschen klare räumliche Grenzen setzen und manchmal geradezu pedantisch genau über ihren Raum und ihre persönlichen Dinge wachen. Das heißt allerdings keineswegs, dass es Kinder mit ADHS nicht stört, wenn andere in ihren Raum eindringen oder – noch schlimmer – ihre Sachen nehmen. **Es fällt ihnen schwer, sich in andere hineinzuversetzen.**

Damit kommen wir zur Ordnung: Kinder mit ADHS sind beim Spielen nicht zu überhören – meist geht es chaotisch, überdreht und laut zu. Andere nehmen sie nicht selten als respektlos, grob und übergriffig wahr.

Kinder mit ADHS kennen auch im Umgang mit Spielsachen kein Mittelmaß: Spielzeug wird begeistert und intensiv genutzt, häufig malträtiert und bald wieder links liegen gelassen, weil es rasch seinen Reiz verliert. Deshalb wechseln solche Kinder ständig von einem Spiel zum anderen. Wir haben im Zusammenhang mit Kindern mit ADHS bereits mehrmals von Langeweile gesprochen: Für sie ist die Vorstellung vom Aufräumen nach dem Spielen sinnlos und somit langweilig, daher werden sie eine entsprechende Aufforderung nur schwer akzeptieren oder sich ihr sogar vehement widersetzen.

Wie so oft sind Kinder mit ADHS aber durchaus imstande, uns zu überraschen: Wenn sie von einem Spiel besonders begeistert sind (Jungen sind meist im Umgang mit Bauklötzen sehr geschickt und sammeln gerne Dinos, Superhelden oder sonstige Figuren, während Mädchen oft eine Vorliebe für Tiere, Figuren aus Animationen, Filmen und Märchen oder Einhörner haben), bleiben sie zuweilen nicht nur über längere Zeit konzentriert und ruhig bei der Sache, sondern gehen auch viel ordentlicher mit ihrem Spielzeug um, das sie als kostbares Gut betrachten... zumindest, solange ihr Interesse anhält.

Und wie gehen Kinder mit ADHS mit den Gemeinschaftsbereichen und ihren persönlichen Dingen um? Wie bereits angesprochen, nehmen sie den Raum im Haus mit ihrer Anwesenheit und ihren Sachen in Beschlag. Beobachten Sie, wie sie sich vom Bett zum Sofa ausbreiten und durch das Haus „wirbeln“. Achten Sie darauf, wie sie mit ihren Schulsachen umgehen: Auch hier sind sie chaotisch, verlieren Farben, Radiergummis, Lineale usw. Sie strapazieren ihre Sachen und zerstören sie häufig. Beobachten Sie, wie sie ihre Kleider und Schuhe ausziehen und auf den Boden werfen oder einfach liegen lassen, wie sie ihre Schultasche achtlos in die Ecke werfen, wenn sie nach Hause kommen: Kinder mit ADHS sind im Umgang mit all ihren Sachen energiegeladen, impulsiv und übersteuert – ganz gleich, ob es sich um Kleidung, Spielzeug, Schulmaterial oder einen Fußball handelt. Aber gleichzeitig sollten Sie darauf achten, wie sehr sich Ihr Kind in seinem Bereich, in seinem Bett, auf seinem Lieblingssofa und in seinem Lieblingspullover wohlfühlt: Kinder mit ADHS hängen oft sehr an ihrem Zuhause. Sein Chaos mag Sie ärgern, aber Ihrem Kind macht Unordnung nichts aus – es lebt sein Leben intensiv und kostet es voll aus.

Das Leben mit einem Kind mit ADHS ist zweifellos oft anstrengend. Damit die Situation im Jugendalter nicht schlimmer wird, müssen Sie handeln, solange Ihr Kind noch klein und erziehbar, also „formbar", ist. Verlieren Sie niemals Ihr Ziel aus den Augen: Ihr Kind soll im Erwachsenenalter in allen Bereichen – Freundschaft, Beziehung und Arbeit – ein erfülltes Leben führen.

Verstehen

Wenn wir von Ordnung sprechen, stellt sich unweigerlich die Frage, ob Sie Ihrem Kind ein gutes Vorbild sind. Leider gibt es aber auch hier keine Gewähr – so sorgfältig und genau Sie auch sein mögen, so kann Ihr Kind dennoch chaotisch, laut und unordentlich sein.

Denken Sie daran, dass Ihr besonderes Kind Sie zu ebenso besonderen Eltern erzieht: Sie werden ständig auf die Probe gestellt und lernen neue Strategien. Ihr Kind ist eine echte Chance, um an Ihren Fixierungen und Ihrer kulturellen und familiären Konditionierung zu arbeiten und flexibler und kreativer zu werden.

Folgende Fragen sollten Sie sich stellen:

- Sind Sie ordnungsliebend? Was geht in Ihnen vor, wenn im Haus Unordnung herrscht? Wie reagieren Sie innerlich, wenn im Haus alles anders aussieht, als Sie es sich vorgestellt haben?
- Wächst Ihnen der Haushalt über den Kopf? Fühlen Sie sich im Alltag überfordert?
- Haben Sie und Ihr Partner oder Ihre Partnerin dieselbe Vorstellung von Ordnung? Gibt es diesbezüglich je Streit?
- Welche schlechten Angewohnheiten erlauben Sie Ihrem Kind? Darf es auf dem Sofa essen? Darf es sein Spielzeug überall hinbringen?
- Hoffen Sie, dass schlechte Angewohnheiten und Launen wie von Zauberhand verschwinden, wenn Ihr Kind heranwächst?
- Wie weit dulden Sie die schlechten Angewohnheiten Ihres Kindes mit ADHS?

Handeln

Sobald Sie mit Ihrer Partnerin oder Ihrem Partner Ihre individuelle und gemeinsame Vorstellung von Ordnung analysiert haben, können Sie sich mit der Beziehung Ihres Kindes zu dem Thema befassen.

Beobachten Sie Ihr Kind aufmerksam, stellen Sie fest, welche schlechten Angewohnheiten sich bereits gefestigt haben und machen Sie sich an die Umorganisation Ihres Familienlebens – aber vermeiden Sie dabei große Umstellungen und setzen Sie stattdessen auf kleine Veränderungen und Anpassungen.

Als erstes sollten Sie Ihr Leben so weit wie nur möglich vereinfachen, damit Sie mehr Zeit für Ihr Kind haben und die Lage in den Griff bekommen. Ganz gleich, wie aufwändig und problematisch Ihr Leben ist, müssen Sie einen Weg finden, es zu meistern: Erleichtern Sie sich zuerst selbst die Arbeit – erst dann können Sie sich wirklich erfolgreich um Ihr Kind kümmern.

Unordnung macht früher oder später alle nervös. Lassen Sie nicht zu, dass Ihr Kind im ganzen Haus Unordnung hinterlässt, sondern teilen Sie den verfügbaren Raum ein und sehen Sie einen Bereich nur für Erwachsene vor. Ihr Zimmer muss heilig und unantastbar sein: Beim Einrichten haben Sie vermutlich nicht mit einem chaotischen Kind gerechnet, jetzt aber brauchen Sie einen Bereich, in dem Sie Kraft tanken und Ihre Sinne sich erholen können (schon nur der Anblick von Unordnung kann entmutigend wirken). Falls Sie zwei Badezimmer zur Verfügung haben, sollten Sie eines nur für Ihr Kind vorsehen und entsprechend einrichten.

Sie dürfen nicht zu Bediensteten Ihres Kindes werden: Das ist auf lange Sicht frustrierend und belastet lediglich Ihre Geduld und die Beziehung zwischen Ihnen. Gleichzeitig sollten Kinder mit ADHS nicht zu militärischer Ordnung gezwungen werden, aber auch nicht wie Wilde leben dürfen.

ADHS UND HYPERSENSIBILITÄT

Wissen

ADHS ist eine neurobiologische Störung, die sich in der veränderten Verarbeitung externer Reize äußert.

Unter Sensibilität versteht man die Wahrnehmung von Umgebungsreizen über die Sinnesorgane. Zu unseren Sinnen gehört neben Geschmacks-, Seh-, Geruchs-, Tastsinn und Gehör auch die Temperaturwahrnehmung.

Kinder mit ADHS haben in vielerlei Hinsicht Gemeinsamkeiten mit autistischen Kindern: Sie haben oft Schwierigkeiten in der sozialen Interaktion, intensive Spezialinteressen (mehr dazu in einem eigenen Kapitel), können sich auf bestimmte Dinge fixieren und hypersensibel sein. Hypersensibilität führt zu Gereiztheit, Gereiztheit führt zu Versteifung und Versteifung schließlich zu Fixierung und mangelnder Flexibilität.

Wie erkennt man, ob eine Form der Hypersensibilität vorliegt?

Wenn Sie merken, dass Ihr Kind zunehmend irritiert ist, fragen Sie nach und lassen Sie sich die Ursache genau erklären. Oft sagen die Kinder selbst, dass etwas „lästig“, „blöd“ oder „unerträglich“ ist – und wir halten dies allzu oft für eine Übertreibung. Es mag stimmen, dass Kinder mit ADHS übertreiben, aber es trifft ebenso zu, dass sie Reize, vor allem störende Reize, viel stärker wahrnehmen als Menschen ohne ADHS.

Wichtig ist es, dass Sie in solchen Fällen frühzeitig eingreifen lernen, um kritische Situationen zu vermeiden. Kinder mit ADHS reagieren auf störende Reize mit Wimmern, Schreien, Weinen, Wut, widersetzen sich Ihren Vorschlägen und bringen Sie unweigerlich in Schwierigkeiten oder manövrieren Sie gar in eine Krise.

Ich möchte an dieser Stelle noch einmal hervorheben, dass nicht alle Kinder mit ADHS gleich sind. Selbstverständlich gilt dies für alle Kinder, aber wir müssen uns stets vor Augen halten, dass **Menschen mit ADHS leichter in eine Krise schlittern als andere und dass wir daher versuchen müssen, sie besser zu verstehen.**

Um Ihnen dabei zu helfen, bei einer aufkommenden Überreizung frühzeitig einzugreifen, werde ich hier eine Reihe von Beispielen aus meiner Arbeit auflisten. Mit Sicherheit treffen nicht alle geschilderten Situationen auf Sie zu, aber einige davon werden Sie zweifellos wiedererkennen, auch wenn Sie vielleicht bisher keinen Zusammenhang mit der ADHS-bedingten Hypersensibilität gesehen haben.

Tasten

Häufig fällt es Kindern mit ADHS bereits im Säuglingsalter schwer, im Kinderwagen oder angeschnallt im Auto zu sitzen. Sie wollen lieber im Arm gehalten werden (und sich dabei selbst die passende Position aussuchen), wollen nicht im Babystuhl sitzen, ziehen sich das Lätzchen aus, bleiben gerne lange im Wasser oder auf dem Boden (oft liegend), finden enge Kleidung und Schuhe lästig, mögen bestimmte Socken nicht (z. B., wenn kurze Socken über die Ferse rutschen oder das Bündchen bei langen Socken eng ist usw.), verabscheuen Mützen und Schals (lieben aber als Jugendliche Mütze und Hoodie über alles). Oft halten sie besonders lang an Übergangsobjekten (Teddybär, Deckchen usw.) fest und reiben diese beharrlich. Manchmal können sie nur einschlafen, wenn sie das Haar oder einen bestimmten Körperteil ihrer Mutter berühren. Kinder mit ADHS lieben es zuweilen, massiert zu werden – aber nur, wenn sie bereit dafür sind. Ein und derselbe Reiz kann je nach Situation Frustration oder Genuss auslösen.

Riechen

Kinder mit ADHS haben nicht selten einen ausgeprägten Geruchssinn und daher eine besondere Abneigung gegen starke Gerüche wie jene von Waschmitteln, WCs oder Tieren (wenn auch manche Kinder Tiergerüche als besonders entspannend empfinden).

Sehen

Grelles Licht oder der plötzliche Übergang vom Halbschatten ins Licht kann für Kinder mit ADHS besonders irritierend sein (wir alle reagieren darauf mehr oder weniger empfindlich, Menschen mit ADHS sind jedoch leichter überfordert als andere).

An dieser Stelle möchte ich kurz auf die visuelle Wahrnehmung und das visuelle Gedächtnis von Kindern mit ADHS eingehen: Die scheinbar so zerstreuten Kinder haben ein ausgeprägtes Gedächtnis für visuelle Details. Sie lernen visuell (durch Sehen) besser als auditiv (durch Hören) – daran sollten Sie denken, wenn Sie Ihrem Kind beim Lernen helfen. Kinder mit ADHS können mithilfe von Videos und Bilderbüchern neue Informationen rasch aufnehmen.

Hören

Kinder mit ADHS reden oft viel und vor allem laut. Sie merken nicht, wenn sie schreien, da sie keine „Lautstärkenregelung“ haben, gleichzeitig kann es für sie aber sehr irritierend wirken, wenn Lehrpersonen oder Eltern laut reden. Meist – und darin unterscheiden sie sich deutlich von autistischen Kindern – machen ihnen Chaos, Musik und Bewegung in ihrer Umgebung nichts aus. Wenn sie motiviert und konzentriert im Unterricht an schwierigen Aufgaben arbeiten, kann es jedoch paradoxerweise vorkommen, dass sie sich durch Geräusche gestört fühlen, die scheinbar nur sie wahrnehmen, oder dass sie sich über lärmende Klassenkameraden beklagen.

Schmecken

Kinder mit ADHS können echte Vielfraße oder umgekehrt sehr wählerisch und genügsam sein. Es fällt auf, dass sie auch in ihrer Beziehung zum Essen nicht besonders flexibel sind: Sie entwickeln eine brennende Vorliebe für einige Lebensmittel und eine völlige Abneigung gegen andere. Vor allem aber kann es vorkommen, dass Kinder mit ADHS das Hungergefühl nicht ertragen, sich dann aber wieder so in ihre Tätigkeiten vertiefen, dass sie Mahlzeiten auslassen.

Thermoregulation

Die meisten Kinder mit AHDS haben ständig zu warm – nicht nur, weil sie pausenlos in Bewegung sind, sondern oft auch, weil ihre Thermoregulation etwas anders funktioniert. Sie schlafen gerne unbedeckt oder nur teilweise bedeckt, schwitzen viel und mögen es nicht, wenn sie zu viel anhaben.

Verstehen

Nun liegt der Ball bei Ihnen: Beobachten Sie Ihr Kind unter Berücksichtigung der bisher besprochenen Ausprägungen von Hypersensibilität.

Versuchen Sie sich daran zu erinnern, wie Ihr Kind als Säugling war und erstellen Sie eine Liste all jener Situationen, in denen es besonders irritiert war: Das hilft Ihnen bei der Suche nach möglichen Ursachen oder „Triggers", wie sie in der Psychologie genannt werden. Ihr Kind braucht Verständnis und „Validierung", d. h., es muss wissen, dass Sie sich in seine Lage versetzen und seine Bedürfnisse verstehen können.

Beobachten Sie auch sich selbst: Reagieren auch Sie sehr empfindlich auf bestimmte Reize? Stört es Sie beispielsweise, wenn die Zahnpastatube offen herumliegt? Und falls ja, weshalb? Ist es, weil die Zahnpaste austrocknet, oder stört Sie der Anblick? Fühlen Sie sich durch zugeschnürte Schuhe, Etiketten, abrutschende Socken, offene Autofenster, Zugluft, laute Geräusche, Essensgerüche im Stiegenhaus, das Parfum der Nachbarn im Aufzug, kratzige Wollpullover, Strumpfhosen unter der Jeanshose usw. irritiert? Wenn Sie lernen, ihre eigenen Sinne und Sinnesorgane richtig einzuschätzen, können Sie sich erst wirklich in Ihr Kind hineinversetzen – und im Verständnis liegt der Schlüssel zur erfolgreichen Hilfe.

Handeln

Wir haben bereits besprochen, dass Ihre Aufgabe nicht darin liegt, die Eigenheiten und Launen Ihres Kindes mit ADHS zu „dulden“, sondern vielmehr darin, richtig damit umzugehen. Ihr Ziel muss es sein, Ihrem hypersensiblen Kind dabei zu helfen, über die Gereiztheit hinwegzukommen, sich nicht auf bestimmte Aspekte zu fixieren und flexibler zu werden.

Flexibilität vermitteln wir allerdings nicht, indem wir ein Kind dazu bringen, nach unserer Pfeife zu tanzen – ebenso wenig helfen wir ihm aber, wenn wir ihm völlige Freiheit lassen. Beurteilen Sie die Situation, verhandeln, vermitteln und regeln Sie. Flexibilität ist wichtig, aber genauso auch Bestimmtheit und gute Organisation.

Hier einige praktische Tipps zum Umgang mit irritierenden Reizen.

Tasten

- Kaufen Sie Ihrem Kind keine enge Kleidung, sondern ziehen Sie weiche, bequeme Stoffe vor, die nicht kratzen.
- Gewöhnen Sie Ihrem Kind gleich ab, dass es sich nur dann beruhigt oder einschläft, wenn es Sie berührt.
- Wenn Ihr Kind sich im Auto nicht anschnallen lassen will, suchen Sie nach einer geeigneten Ablenkung, legen Sie ihm den Sicherheitsgurt an und sorgen Sie dafür, dass die Fahrt besonders angenehm ist. Auf langen Fahrten können Sie auch (von Ihnen selbst gewählte) Videos abspielen: Manchmal heiligt der Zweck die Mittel.
- Häufige Entspannungsbäder sind sehr hilfreich. Bringen Sie Ihr Kind außerdem ins Schwimmbad und lassen Sie es am Meer lange im Wasser schwimmen, spielen und planschen.
- Häufige Entspannungsmassagen an Körper und Kopf sind ebenfalls sehr wirksam.

Riechen

- Lüften Sie Ihr Zuhause regelmäßig. Lüften Sie auch das Badezimmer, bevor Ihr Kind es benutzt, und bringen Sie ihm bei, dies auch selbst zu tun.
- Stellen Sie stets sicher, dass Plüschtiere nicht schlecht riechen. Waschen Sie sie häufig und mit Waschmitteln ohne Duftstoffe.

Sehen

- Weisen Sie Ihr Kind auf Details hin, wenn Sie im Freien sind (Bäume, Blumen, Gebäude, Schilder): Dadurch wird es leicht und schnell Informationen aufnehmen und speichern.
- Zeigen Sie ihrem Kind oft Bilderbücher.
- Knipsen Sie viele Fotos und sehen Sie sie abends beim Entspannen gemeinsam mit Ihrem Kind an. Nutzen Sie Lernvideos, um ihm Wissen zu Geschichte, Geografie, Wissenschaft, Kunst usw. zu vermitteln.

Hören

Ärgern Sie sich nicht, wenn Ihr Kind laut spricht, und tadeln Sie es nicht: Vereinbaren Sie stattdessen ein Signal, bei dem es leiser wird. Wenn Ihr Kind besonders aufgeregt ist, kann es durchaus sein, dass Sie das abgesprochene Zeichen mehrmals wiederholen müssen.

Schmecken

Wenn Ihr Kind sehr wählerisch ist und nur isst, was ihm schmeckt, sollten Sie ein eigenes, ausgewogenes Menü zusammenstellen, das Gemüse, Obst, Eiweiße und Kohlenhydrate beinhaltet – aber zwingen Sie Ihr Kind nicht, alles zu essen, was Ihnen selbst schmeckt. Beginnen Sie stets mit dem, was es am wenigsten mag (z. B. Gemüse), und weisen Sie dabei darauf hin, dass es anschließend das bekommt, was es am liebsten mag.

Temperaturwahrnehmung

Ärgern Sie sich nicht, wenn Ihr Kind mit AHDS im Winter seine Jacke nicht schließen will und Schals und Mützen nicht mag. Ziehen Sie es nach dem Zwiebelprinzip an, damit es sich jederzeit bis aufs T-Shirt ausziehen kann, wenn es zu warm hat. Im Frühjahr sollten Sie Ihr Kind rechtzeitig leicht bekleiden, bevor die erste Hitzewelle anrollt und es unnötig irritiert.

ADHS UND REGELN

Wissen

Lehrpersonen hört man immer wieder sagen, Kinder mit ADHS seien unfähig, Regeln zu befolgen. Beim ersten Kontakt mit überdrehten, undisziplinierten und unkontrollierbaren Schulkindern vermuten sie möglicherweise, dass deren Eltern ihnen keine Regeln vorgeben.

Ihr Eindruck ist meist, dass solche Kinder keine Verbote kennen und daher „wie die Wilden aufwachsen".

Denken Sie bitte stets daran, dass die gesellschaftlichen Regeln die Grundlage für ein gutes Beziehungsleben bilden und daher bereits im Kindesalter aufgenommen werden müssen. Je größer die Kinder werden, desto schwerer erziehbar sind sie und desto schwerer akzeptieren sie ein „Nein".

Meines Erachtens ist es in dieser Hinsicht nützlich, zwischen *inakzeptablem Sozialverhalten* (Beleidigungen, Drohungen, verbale oder körperliche Aggression) und *unangemessenem Sozialverhalten* (Sitzunruhe, Unterbrechen, laut Sprechen, Vordrängen, Nachlässigkeit usw.) zu unterscheiden. Selbstverständlich gibt es auch für unangemessene Verhaltensweisen Regeln (z. B. Knigge), aber es ist unrealistisch, von Kindern mit ADHS deren Einhaltung zu erwarten.

Vielmehr gilt es, konstant daran zu arbeiten und dabei der Neigung des Kindes, soziale Konventionen zu missachten, Rechnung zu tragen. **Ihr eigentliches Ziel besteht darin, sicherzustellen, dass Ihr Kind nie inakzeptables Sozialverhalten an den Tag legt.**

Sehen wir nun, welche sozialen Grundregeln Kinder mit ADHS unbedingt lernen und befolgen müssen:

- nicht schreien
- nicht fluchen
- nicht beleidigen
- nicht handgreiflich werden
- Hände weg von fremden Sachen
- die eigenen Sachen nicht zerstören, sondern sorgfältig aufbewahren
- niemals ohne zu fragen entfernen.

Wenn Ihr Kind diese Grundregeln nicht einhalten kann, wird es früher oder später unangemessene Verhaltensweisen entwickeln und unweigerlich Schwierigkeiten bei der sozialen Interaktion und Integration haben.

Brauchen Kinder mit ADHS Regeln? Ja.

Mögen Kinder mit ADHS Regeln? Nein.

Was also tun?

Zuallererst müssen wir verstehen, wie Kinder mit ADHS funktionieren: Sie wollen frei sein, keine Grenzen auferlegt bekommen und sich ausdrücken, ohne beurteilt zu werden – sie ertragen keine Fesseln. Regeln aber sind eben das: Grenzen, Urteile und Fesseln.

Pippi Langstrumpf ist leider kein gutes Vorbild: Kinder müssen geführt werden, und dazu braucht es Regeln. Das heißt nicht gleich, dass Ihr Kind eingeschränkt und mit diktatorischer Strenge erzogen wird.

Allerdings ist „Nein“ sagen wesentlich schwieriger als „Ja“, und Kinder mit ADHS reagieren tendenziell viel energischer auf ein „Nein“ als andere. Immer wieder erzählen mir Eltern, dass ihr Kind sie so lange bearbeitet, bis sie schließlich nachgeben – und wir alle wissen, wie starrköpfig Kinder sein können, wenn sie sich etwas in den Kopf gesetzt haben.

Vermutlich ist es schon vorgekommen, dass sich Verwandte, die Großeltern oder Lehrpersonen darüber beklagt haben, dass Ihr Kind ungehorsam ist, nicht zuhört, undiszipliniert ist und tut, was es will. Meist trifft dies zu, allerdings stecken dahinter nicht oppositionelles Verhalten (d. h., eine willkürliche Ablehnung der Regeln) oder Provokation, sondern vielmehr Impulsivität, mangelndes Bewusstsein um die Konsequenzen des eigenen Verhaltens und Schwierigkeiten bei der Selbstkontrolle von Impulsen bzw. im Umgang mit der unvermeidbaren Frustration.

An dieser Stelle müssen wir uns mit dem Thema Frustration auseinandersetzen – ein Gefühl, das Kinder mit ADHS nur schwer akzeptieren können. Die Tatsache, dass die Dinge nicht ihren Erwartungen entsprechen, und die damit verbundenen negativen Gefühle sind für sie nicht leicht zu ertragen. Kinder mit ADHS sind nicht imstande, sich eigenständig an den Rhythmus des Alltags anzupassen, sich zu kontrollieren oder selbst zu regulieren: Daher brauchen sie Regeln, Struktur, Ordnung, Routine und Gleichgewicht – aber natürlich so, dass es zu ihrem Naturell passt. Damit sie ihr enormes kreatives, expressives, motorisches, künstlerisches, kognitives und soziales Potenzial entfalten können, müssen wir ihnen ein lineares, festes und ausgeglichenes Erziehungsmodell bieten. Es liegt an uns Erwachsenen, ihnen einen klaren Weg vorzugeben – einen Weg, den sie nach Belieben langsam oder schnell gehen können, ohne aus der Bahn zu geraten.

Ich stelle mir Kinder mit ADHS vor wie kleine Menschen mit dem „geistigen Motor“ eines Rennautos: Sie erlernen den Umgang damit an einer besonderen Fahrschule, die rund 18 Jahre oder möglicherweise etwas länger dauern kann. Um ihren wunderbaren, mächtigen Motor richtig steuern zu lernen, brauchen sie erfahrenes, bestens geschultes Lehrpersonal – andernfalls laufen sie ständig Gefahr, dass sie ins Schleudern geraten. Mit anderen Worten: Als Eltern müssen Sie zu echten „Rennprofis“ werden.

Der korrekte Einsatz von Regeln ist dabei unabdingbar.

Sie dürfen nicht autoritär vorgehen, sondern müssen bestimmt, aber gleichzeitig flexibel sein. Bedenken Sie: Ihr wirksamstes Werkzeug ist immer und ausnahmslos die Beziehung zum Kind, in der Sie eine ausgeglichene Mischung aus Zuneigung und Entschlossenheit finden müssen.

Verstehen

Wie immer bildet die Selbstanalyse die beste Grundlage für das Verständnis. Beginnen wir beim Verhältnis beider Elternteile zu den Regeln des Zusammenlebens.

- Würden Sie sich als besonders nachgiebig oder als zu autoritär einstufen?
- Fällt es Ihnen leicht, Ihrem Kind etwas zu verweigern, oder haben Sie das Gefühl, zu „gemein“ und zu streng zu sein?
- Sind Sie der Meinung, jedes Kind müsse seine eigenen Erfahrungen machen und aus seinen Fehlern lernen und denken deshalb, Regeln und ein entschiedenes „Nein“ sind überflüssig?
- Halten Sie sich selbst an die grundlegenden sozialen Regeln und befolgen Sie sie zu Hause in Gegenwart Ihres Kindes?

- Werden Sie manchmal laut, beleidigend, drohen oder suchen Streit, oder respektieren Sie das Eigentum Ihrer Mitmenschen? Kurz: Sind Sie ein gutes Vorbild für Ihr Kind?

Handeln

Ihr Kind braucht Regeln, und zwar vor allem für sein Zeitmanagement: Lassen Sie ihm diesbezüglich nicht zu viel Freiheit, denn Kinder mit ADHS können meisterhaft Zeit verschwenden.

Vor allem, wenn wir von Regeln sprechen, müssen sich beide Elternteile ausnahmslos an dasselbe Erziehungsmodell halten.

Sie müssen dabei weder militärische Disziplin einfordern noch immer dieselben Regeln anwenden – aber es ist unabdingbar, dass Sie sich darüber absprechen, wer eingreift, wenn Sie beide anwesend sind und Ihr Kind eine vereinbarte Regel missachtet. Zeigen Sie vor Ihrem Kind niemals Uneinigkeit.

Vermeiden Sie es außerdem, Regeln mitten in einer Krise festzulegen, sondern wägen Sie jede einzelne gut ab und stellen Sie sicher, dass Sie sie auch bestimmt durchsetzen können. Wenn Sie bei der Anwendung zu nachlässig sind, verlieren Sie Ihre Glaubwürdigkeit. Wenn Sie zu nachsichtig sind, verlieren Sie unweigerlich irgendwann die Geduld, weil Ihr Kind übertreibt – und werden autoritär, streiten sich mit ihm, und am Ende sind Sie beide traurig und verbittert.

Kindern mit ADHS fällt es schwer, aus Fehlern zu lernen: Wenn sie sich beharrlich falsch benehmen, wirken sie manchmal geradezu „diabolisch“. In Wirklichkeit liegt das Problem darin, dass sie ihre Impulsivität nicht steuern können. Deshalb brauchen sie klare Grenzen, die ihre Impulsivität einschränken.

Achten Sie darauf, ja nicht in die „Hascherl-Falle" zu tappen: Wann immer wir unser Kind als bedauernswert empfinden, geben wir nach – und wann immer wir nachgeben, begehen wir einen Fehler.

Zusammenfassend muss es Ihnen gelingen, konsequent Regeln durchzusetzen – und zwar mit einem Lächeln, denn Ihr Kind soll Sie respektieren und nicht fürchten.

ADHS UND WETTBEWERB

Wissen

Stark hyperaktive oder sportlich besonders begabte Kinder legen oft ein ausgeprägtes Konkurrenzverhalten an den Tag.

Es mag Ihnen aufgefallen sein, dass Ihr Kind sich seit jeher Dingen, die es besonders spannend und interessant findet, mit großer Hingabe widmet, aber sehr gereizt reagiert, wenn es seine selbstgesetzten Ziele nicht erreicht. Hinter seinen Hochs und Tiefs und seinem On-/Off-Zustand stecken die Aufregung über eine bestimmte Tätigkeit und die Frustration, wenn sie misslingt.

Kinder mit ADHS stehen vor allem mit sich selbst im Wettbewerb: In Tiefphasen schwindet ihr Selbstwertgefühl und sie sehen schwarz („Ich bin zu dumm, ich kann das nicht" usw.). Viel schlimmer ist aber, dass sie oft ganz aufgeben und völlig frustriert und niedergeschlagen sind, wenn ihnen etwas nicht beim ersten Anlauf oder schnell genug gelingt.

Das Konkurrenzverhalten kann als Antrieb zum Erfolg und zum Erreichen großer Ziele auch für die Entwicklung des Kindes eine Rolle spielen. Wie in anderen Bereichen gilt allerdings auch hier, dass Kinder mit ADHS zur Übertreibung neigen – daher kann „gesunde" Konkurrenz leicht zum Problem werden: Wann immer sich abzeichnet, dass ein Spiel oder ein Wettbewerb nicht zum erhofften Ergebnis führt, steigert sich ihr Nervositätspegel oft bis zum Wutanfall.

Solche Situationen können für Eltern äußerst unangenehm sein, denn Kinder mit ADHS können sich nicht zurückhalten und reagieren damit in den Augen ihrer Gleichaltrigen, der anderen Eltern und des Lehrpersonals völlig überzogen. **Sie müssen sich auch in solchen Situationen stets vor Augen halten, dass Ihrem Kind die Fähigkeit zur Selbstkontrolle schlichtweg fehlt:** Wenn es nicht gewinnt, ist die Wut stärker als es selbst.

Viele Eltern erzählen von den Schwierigkeiten ihres Kindes bei Tischspielen oder im Mannschaftssport. Manche Kinder werden aufgrund ihrer mangelnden Fähigkeit im Umgang mit Frustration bei Niederlagen von ihren Gleichaltrigen nicht akzeptiert.

Das Konkurrenzverhalten von Kindern mit ADHS hat seinen Ursprung in ihrer Impulsivität und ihrem Bedürfnis nach Größe: Sie möchten in allem wahre Superheldinnen und Superhelden sein. Eben dieses typische Bedürfnis ist auch der Grund dafür, dass ihr Gehirn „in den Rennmodus schaltet", sie jegliches Reflexionsvermögen verlieren und die Konsequenzen ihres Verhaltens nicht mehr abschätzen können. Sie haben nur mehr ein Ziel vor Augen: Was auch immer sie gerade tun, muss um jeden Preis gelingen. Aufgrund ihres angeborenen Konkurrenzdrangs können Kinder mit ADHS auch übermäßig wütend werden. Die emotionale Dysregulation bei der Erkenntnis, dass sie ihr Ziel nicht erreichen werden, führt zum Verlust der Konzentration – und leider auch der Sympathie ihrer Spielgefährtinnen und -gefährten.

Konkurrenzverhalten kann also eine Stärke, aber auch eine Schwäche sein. Es liegt an den Eltern, sicherzustellen, dass es sich nicht von einer guten Eigenschaft zum Problem entwickelt.

Verstehen

Ich möchte Sie nun bitten, an das Verhalten Ihres Kindes von frühster Kindheit an zurückzudenken. Versuchen Sie sich zu erinnern, wann es frustriert war, weil es sein Ziel nicht erreicht hat.

- Wie reagiert Ihr Kind, wenn es verliert oder seine Ziele nicht erreicht: Wird es wütend oder ist es niedergeschlagen? Niedergeschlagenheit ist normal, übermäßige Wut nicht.
- Spornen Sie Ihr Kind zum Erfolg an? Erziehen Sie es dazu, stets der oder die Stärkste, Schlauste, Beste zu sein?
- Wie sehr feuern Sie Ihr Kind bei Sportveranstaltungen an? Was ist für Sie wichtiger: Dabeisein oder gewinnen?
- Wie reagieren Sie, wenn Ihr Kind verliert?
- Wie verhalten Sie sich anderen gegenüber? Ist alles ein ständiger Konkurrenzkampf um Schönheit, Geld, Erfolg und Können? Wir geben unsere Einstellung an unsere Kinder weiter und haben selbst dann Vorbildfunktion, wenn wir ihnen gerade nichts aktiv vermitteln.

Handeln

Wie geht man mit dem ausgeprägten Konkurrenzverhalten von Kindern mit ADHS nun bestmöglich um? Soll Ihr Kind immer gewinnen, damit es sich nicht ärgert? Oder soll es immer verlieren, damit es sich erst gar nicht ans Gewinnen gewöhnt und früher oder später nicht mehr nervös wird?

Wut ist ein angeborenes und gesundes Gefühl: Ihr Kind muss nicht lernen, niemals wütend zu werden, sondern vielmehr, sich nicht von seiner Wut vereinnahmen zu lassen.

Das erste Gebot lautet: Vermeiden Sie Aussagen wie „Reg dich doch nicht auf“. Erklären Sie Ihrem Kind lieber, dass seine Wut verständlich ist, sich aber früher oder später legen wird. Bringen Sie ihm bei, dass es nicht schreien, streiten, anderen wehtun und Sachen zerstören darf, wenn es wütend ist. Bringen Sie ihm bei, sich in seine „Wutecke“ zurückzuziehen und zu warten, bis es sich beruhigt hat.

Spielen Sie täglich 30 Minuten lang Tischspiele und wechseln Sie häufig. Es gilt: Beim Spielen kann man gewinnen und verlieren. Denken Sie nicht, dass Ihr Kind nur gewinnen will: Es mag auch das Spielen selbst, kann aber mit dem plötzlichen, impulsiven, brennenden negativen Gefühl einer Niederlage nicht umgehen.

Es kann durchaus vorkommen, dass Ihr Kind lieber nicht spielt, weil es nicht verlieren möchte. Spielen Sie trotzdem und zeigen Sie ihm, dass Sie sich unterhalten und Spaß haben – Sie werden sehen, allmählich kommt es zurück an den Tisch und möchte wieder mitmachen.

Wuttraining funktioniert immer: Man setzt sich dem Risiko einer Niederlage aus, und das Kind lernt, mit seinen negativen Gefühlen zurechtzukommen.

Beobachten Sie es, wenn es mit Gleichaltrigen im Freien spielt, und ordnen Sie eine dreiminütige Spielpause an, wenn Sie merken, dass es hitzig wird. Akzeptiert Ihr Kind die Pause nicht, bringen Sie es nach Hause – aber ohne Ermahnungen. Wiederholen Sie dies so oft wie nötig.

Ihr Kind wird lernen, dass Erfolg schön und erfüllend ist, dass man nicht zwangsläufig immer nur gewinnen muss, und dass Spielen trotzdem gleich viel Spaß macht. Es muss lernen, sich mit dem Hochgefühl bei Erfolgen zufriedenzugeben und nicht nur von der totalen Euphorie eines Sieges abhängig zu werden: Das können Sie ihm von Kindesbeinen an beibringen.

Versuchen Sie Ihr Kind weder anzuspornen noch zu entmutigen.

ADHS UND UNEHRLICHKEIT

Wissen

Stimmt es, dass Kinder mit ADHS oft lügen?

Um diese Frage zu beantworten, müssen wir uns einerseits ins Gedächtnis rufen, dass Kinder mit ADHS oft zu Unrecht beschuldigt und zurechtgewiesen werden, und andererseits, dass sie Weigerungen, Grenzen und Regeln nur schwer akzeptieren. Versetzen wir uns einmal in ihre Lage: Ein solches Leben ist nicht einfach! Wie sollen sie sich je durchsetzen und sich in der Welt entfalten, wenn die Erwachsenen in ihrer Umgebung sie nicht verstehen?

Jugendliche und Erwachsene mit ADHS erzählen häufig, dass sie sich als Kinder oft missverstanden fühlten. Lügen ist für sie eine Überlebensstrategie in einer Welt voller unverständlicher Regeln, die sie einengen, unterdrücken und beunruhigen. Kinder mit ADHS können egoistisch und individualistisch wirken, da sie mit aller Kraft versuchen, ihre Vorstellungen, Bedürfnisse und Wünsche zu rechtfertigen, ohne sich bewusst zu sein, wie übertrieben oder unangebracht diese sein können.

Ich mag es nicht, wenn Kinder mit ADHS als Lügnerinnen und Lügner abgestempelt werden – aber genauso weiß ich, dass man sich auf ihre Schilderungen nicht immer verlassen kann: Ein vernünftiges Maß an Misstrauen ist meist angebracht, denn vermeintlich unwichtige oder einem Ziel nicht zuträgliche Informationen werden nicht selten unterschlagen. Wenn sie sich etwas vornehmen oder in den Kopf setzen (und in ihrem Kopf haben Kinder mit ADHS zu jeder beliebigen Zeit so viel!) denken sie aufgrund ihrer Impulsivität nicht an etwaige Konsequenzen.

Werden sie vor die Tatsachen gestellt, leugnen Kinder mit ADHS selbst das Offensichtliche – weil sie sich ertappt fühlen, weil wir Erwachsenen in ihren Augen unwichtigen Dingen zu viel Gewicht geben, und ein bisschen auch, weil sie hoffen, durch ihre unbestrittene Schläue ungeschoren davonzukommen.

Dieses Benehmen kann in der Schule zu Problemen führen: Dort wird ihnen immer wieder, manchmal auch zu Unrecht, vorgeworfen, Diskussionen, Streitigkeiten, Raufereien oder Unfälle verursacht zu haben oder zumindest daran beteiligt gewesen zu sein. Häufig tun sie gut daran, sich gegen solche Anschuldigungen zu wehren, aber gleichzeitig ist nicht zu leugnen, dass sie sich oft in solche Situationen hineinmanövrieren.

Obgleich Kinder mit ADHS zuweilen lügen, haben sie einen starken Gerechtigkeitsdrang: Gerade, weil sie sich oft ungerecht behandelt fühlen, hört man aus ihrem Mund oft Aussagen wie „das ist nicht fair". Aus ihrer Sicht sind sie nicht im Unrecht: **Wenn sie etwa beschuldigt werden, eine Aufgabe vergessen zu haben, kann es durchaus sein, dass sie tatsächlich nicht wissen, worum es sich handelt.** Es kommt oft vor, dass sie das Gesagte überhört haben, da sie anderweitig beschäftigt (eben zerstreut) waren. Ein wesentlicher Punkt im Umgang mit Kindern mit ADHS ist es, dass man ihre Aufmerksamkeit erregen muss, bevor man sich an sie wendet. Dazu reicht etwa eine einfache Frage wie „Hörst du mir zu?"

Wenn Kinder mit ADHS vor Tatsachen gestellt werden, fühlen sie sich angegriffen oder sogar genötigt: Und wir fragen uns, ob sie möglicherweise nicht die Wahrheit sagen. Oft mangelt es ihnen an Selbstkritik oder Bewusstsein, vor allem, wenn sie außer Kontrolle und übererregt sind.

Was Aufgaben und Schulnoten angeht, können sie echte Serienlügnerinnen und -lügner sein. Sie lassen Bücher, Hefte und Merkheft in der Schule liegen, um eine Entschuldigung zu haben, ihre Aufgaben nicht machen zu müssen, oder reißen Vermerke aus dem Heft, um Strafen und Tadel zu Hause zu vermeiden.

Wie gesagt: Kinder mit ADHS sind oft überaus schlau.

Sie werden oft behaupten, sie hätten das Gesagte nicht gehört oder Ihnen vorwerfen, Sie hätten sich nicht klar ausgedrückt, sie nicht ausreichend auf die Folgen bestimmter Handlungen hingewiesen oder die Regeln nicht richtig erklärt. Damit werden Sie unweigerlich in eine Diskussion darüber verwickelt, wer nun Recht und wer Unrecht hat. Nicht selten stehen am Ende paradoxerweise sogar Eltern und Lehrpersonen als Lügnerinnen oder Lügner da.

Verstehen

Lassen Sie Missverständnisse und Diskussionen mit Ihrem Kind Revue passieren.

- Haben Sie es jemals als Lügnerin oder Lügner betrachtet? Haben Sie es je der Unehrlichkeit beschuldigt?
- Waren Sie Ihrem Kind gegenüber je voreingenommen und haben es im Voraus verurteilt, da es ohnehin nie ganz unschuldig ist?
- Wie fühlen Sie sich, wenn Sie vermuten, dass Ihr Kind Sie belügt? Gehen Sie sofort auf die Barrikaden oder beruhigen Sie sich und erklären ihm dann, dass ein solches Verhalten nicht korrekt ist und Folgen hat?
- Sind Sie stolz auf seine Gewitztheit? Drücken Sie deshalb manchmal ein Auge zu?

Handeln

Die Faustregel lautet: **Konfrontieren Sie Ihr Kind niemals, solange Sie selbst noch aufgrund einer Aussage oder seines Verhaltens aufgebracht sind** bzw. solange das Kind aufgebracht ist. Wenn Kinder mit ADHS sich zu Unrecht beschuldigt fühlen, verlieren sie die Kontrolle und können nicht mehr klar denken.

Wenn Sie es ertappen, schreiten Sie mit einem entschiedenen „Nein" ein, besprechen den Fall aber erst später. Sobald Ihr Kind sich beruhigt hat, erörtern Sie gemeinsam und ohne Vorhaltungen das Geschehen: Das Kind darf unter keinen Umständen den Eindruck haben, dass Sie – *gerade* Sie – ihm nicht glauben. Lassen Sie sich genau erklären, was vorgefallen ist (man kann es nicht oft genug betonen: erst nachdem es sich beruhigt hat), analysieren Sie die Situation und bringen Sie Ihrem Kind bei, sich vernünftig damit auseinanderzusetzen.

Ihr Kind nimmt die Realität anders wahr als Sie: Es „funktioniert" einfach anders. Sie erwarten möglicherweise, dass es lernt, die Dinge aus Ihrem Blickwinkel zu sehen – aber damit begehen Sie einen Fehler.

Vielmehr sollten Sie sich von Ihrem Kind beibringen lassen, die Welt mit seinen Augen zu sehen und es nicht zu verurteilen. Das heißt keineswegs, dass Sie alles entschuldigen müssen, weil Ihr Kind ADHS hat: Es geht vielmehr darum, dass Sie es deuten und erziehen lernen. Wenn Sie einmal seine Sichtweise verstehen, werden Sie automatisch den richtigen Umgang mit Ihrem Kind finden. Merken Sie sich gut, wann dies geschieht, denn das bedeutet, dass Sie auf die richtige Strategie gestoßen sind. Die kleinen Details machen den Unterschied: Tonfall, Mimik (ein freundlicher Gesichtsausdruck ist auch dann wichtig, wenn Sie streng und entschieden sein müssen), Zeitpunkt und Ort. Sprechen Sie niemals im Beisein von Lehrpersonen, Großeltern, anderen Eltern und vor allem nicht Geschwistern mit Ihrem

Kind über seine ADHS-bedingten Schwierigkeiten: Es würde sich gedemütigt fühlen, sich ärgern und verschließen und wäre damit unempfänglich für erzieherische Argumente.

Bedenken Sie stets, dass die Impulsivität und Unaufmerksamkeit Ihres Kindes seine Wahrnehmung der Realitätsebenen maßgeblich beeinflussen: Ihrem Kind fällt es objektiv schwer, Verantwortung für sein Handeln zu übernehmen. Das heißt natürlich nicht, dass es immer ungeschoren davonkommen und nie etwaige Konsequenzen tragen muss, wenn dies angebracht wäre.

ADHS UND ZEITMANAGEMENT

Wissen

Kindern mit ADHS fällt es oft schwer, sich ihre Zeit richtig einzuteilen. Fragt man sie, geben sie oft ohne Umschweife zu, „Zeitverschwenderinnen" und „Zeitverschwender" zu sein. Anders als viele Erwachsene leiden sie in der Regel nicht darunter: Ich selbst etwa teile meinen Tag bis auf die Minute ein und ärgere mich sehr, wenn man meine Zeit vergeudet. Im Grunde genommen bin ich gleich ungeduldig wie Kinder mit ADHS, obwohl ich gar kein ADHS habe! Tatsächlich entwickeln Kinder in der Regel erst mit neun oder zehn Jahren ein Zeitgefühl.

Viele Kinder mit ADHS sind bereits früh entweder äußerst schnell oder äußerst langsam in allem, was sie tun: Essen, Anziehen, Ausziehen, Aufräumen, Zähneputzen usw. Meist sind sie langsam, wenn sie langweilige, schwierige und ihres Erachtens sinnlose Dinge tun müssen. *Aufschieben, was man gleich erledigen könnte,* liegt in ihrer Natur: Sie sind überzeugt davon, dass „später" noch genügend Zeit für alles bleibt – aber der Tag vergeht oft ungenutzt, und wenn sie sich dessen bewusst werden, reagieren Kinder mit ADHS möglicherweise irritiert und verärgert. Ihr Ärger wiederum richtet sich meist nicht gegen sich selbst, sondern gegen andere (wir haben bereits festgestellt, dass sie dazu neigen, das Offensichtliche abzustreiten und jede Schuld von sich zu weisen). Ebenso kann es aber auch vorkommen, dass sie ruhig, zufrieden und entspannt sind und nicht merken, wie die Zeit vergeht.

Man kann wohl sagen, dass Zeit zu den Regeln gehört, die für Kinder mit ADHS keinen Sinn ergeben. Sie sind nicht notwendigerweise faul, aber oft sind sie entweder im An- oder im Aus-Modus. Wenn sie begeistert und interessiert sind, gehen sie in einer Tätigkeit voll auf und merken nicht, wie die Zeit vergeht. Manche Kinder machen selbst mit sechs Jahren noch in die Hose, weil sie sich nicht die Zeit nehmen, ins Bad zu gehen. Letzten Endes sind **Zeitvorgaben eine Einschränkung, und für Kinder mit ADHS ist Freiheit nicht nur wichtig, sondern lebenswichtig.**

Wenn Kinder mit ADHS motiviert sind, können sie in wenigen Minuten erledigen, wofür andere Stunden brauchen – vor allem bei Schulaufgaben. Ihre Aufmerksamkeitsspanne ist je nach Tageszeit unterschiedlich und stark von der Langeweile abhängig. Wenn sich Kinder mit ADHS langweilen, werden sie unruhig, irritiert und kommen kaum in die Gänge, wollen nicht tun, was man von ihnen erwartet und vergeuden damit Zeit. Manchmal verschwenden sie Zeit, weil sie nicht auf eine besonders angenehme Beschäftigung verzichten können. Heranwachsende Kinder mit ADHS sind meist unpünktlich, kommen immer ein paar Minuten zu spät zur Schule und reagieren verärgert, wenn man sie darauf hinweist. Ebenso kann es ihnen schwerfallen, feste Zeiten – etwa Abfahrtszeiten öffentlicher Verkehrsmittel – einzuhalten.

Sie leben lieber „den Moment“ als gäbe es kein Morgen. Kinder mit ADHS wollen alles, und zwar sofort – und wenn sie es nicht bekommen, fühlen sie sich frustriert und ruhelos.

Verstehen

Die „Feinde“ des effizienten Zeitmanagements sind Langeweile, Aufregung und Unaufmerksamkeit. Behalten Sie Ihr Kind im Auge, wenn es Zeit verschwendet, und versuchen Sie die Ursache zu ergründen. Hier zähle ich einige Beispiele für schlechtes Zeitmanagement auf.

- Steht Ihr Kind morgens erst im allerletzten Moment auf?
- Lässt es sich beim Anziehen und den Vorbereitungen für den Tag leicht ablenken?
- Zieht sich das Frühstück regelmäßig in die Länge?
- Braucht es für seine Aufgaben besonders lang?
- Macht es seine Aufgaben schnell, oberflächlich und beiläufig?
- Geht es erst im allerletzten Moment aus dem Haus?
- Schlingt es beim Essen, „um keine Zeit zu verlieren“?
- Kann es stundenlang mit seinen Bauklötzen oder seinem Lieblings-Videospiel spielen?
- Vergisst es beim Spielen aufs Klo zu gehen?
- Braucht es lange, um sich abends zum Schlafengehen fertig zu machen?
- Weigert es sich, den Fernseher abzuschalten, solange der Film nicht zu Ende ist, selbst wenn es am nächsten Tag weiterschauen könnte?
- Findet es ständig einen Vorwand, um das Schlafengehen hinauszuzögern?

Handeln

Ihr Ziel muss es sein, Ihrem Kind bei seiner Zeiteinteilung zu helfen. Dabei sollten Sie nicht zu streng sein, aber die Entwicklung seiner „inneren Uhr“ fördern, damit es für den Alltag und vor allem für sein zukünftiges Leben bestmöglich gerüstet ist.

Wenn es aus Langeweile Zeit verschwendet, gilt es zu verstehen, woher die Langeweile rührt. In solchen Momenten werden Sie wenig erreichen, wenn Sie darauf bestehen, dass Ihr Kind etwas tut: Damit es kooperativer wird, müssen Sie ihm zuerst helfen, sich aus der Langeweile zu lösen und sich zu „aktivieren“.

Wenn Ihr Kind hingegen Zeit vergeudet, weil es unaufmerksam und in seiner eigenen Welt ist, sollten Sie es Schritt für Schritt begleiten und ihm ein Timing vorgeben. Ein Beispiel: Lassen Sie Ihr Kind nicht allein, sondern bleiben Sie bei ihm, wenn es sich abends im Bad zum Schlafengehen richtet – andernfalls wird es immer später ins Bett gehen. Wenn es völlig in einem Spiel, einem Film oder einem Video aufgeht, geben Sie ihm einen Zeitplan vor: Vereinbaren Sie im Voraus, wie lange etwas dauern darf, um anschließend Diskussionen und Streit zu vermeiden.

Die Organisation liegt also bei Ihnen: Ein Tag sollte niemals zu viele Tätigkeiten, aber auch nicht zu viele freie, unstrukturierte Zeitabschnitte beinhalten.

Planen Sie den Tag also gut durch und teilen Sie Ihrem Kind morgens, wenn Sie ihm bei den Vorbereitungen helfen, den Ablauf mit, beispielsweise so: „Jetzt gehst du in die Schule. Wenn du nach Hause kommst, darfst du eine halbe Stunde lang fernsehen, bevor dir Opa bei deinen Aufgaben hilft. Anschließend spielst du im Hof ein bisschen Ball, dann gibt’s einen kleinen Snack und du darfst in deinem Zimmer Lego spielen. Erinnere dich daran, dass du heute duschen und Haare waschen musst. Zum Abendessen gibt's Pizza, dann richten wir deine Schultasche und deine Kleider für morgen her und du darfst ein bisschen vor dem Fernseher entspannen. Vor dem Schlafengehen lese ich dir noch ein Kapitel aus Harry Potter vor."

Sie müssen also einen genauen Tagesablauf planen – ganz so, wie sie es für sich selbst auch tun. Während wir Duschen, Essen und typische Alltagstätigkeiten für uns nicht eigens einplanen müssen, muss für Ihr Kind alles absehbar, gut organisiert und zeitlich genau eingeteilt sein.

ADHS UND LANGEWEILE

Wissen

„Langeweile" gehört zu den Grundbegriffen, anhand derer wir das Gehirn von Kindern mit ADHS entschlüsseln und besser verstehen lernen.

Der Duden definiert Langeweile wie folgt: „Als unangenehm, lästig empfundenes Gefühl des Nicht-ausgefüllt-Seins, der Eintönigkeit, Ödheit, das aus Mangel an Abwechslung, Anregung, Unterhaltung, an interessanter, reizvoller Beschäftigung entsteht."

Kinder mit ADHS langweilen sich stärker als andere Kinder. Möglicherweise nehmen Sie Ihr Kind deshalb als *ewig unzufrieden* wahr und fühlen sich dadurch irritiert – vor allem, je älter es wird. **Tatsächlich aber langweilt sich Ihr Kind, weil zwei Stoffe in seinem Hirn, nämlich Dopamin und Noradrenalin, „verrücktspielen".** Aufgrund eines Defizits im Gehirn werden die beiden Neurotransmitter nicht gleichmäßig ausgeschüttet, sondern phasenweise, je nach Motivation und Interesse in kleinen Schüben. Bei stärkerer Ausschüttung aktiviert sich das Kind, unterhält sich und ist aufmerksam – sobald der Fluss allerdings nachlässt, macht sich eine Leere und Langeweile breit, die Ihr Kind aufgrund seiner mangelnden Organisationsfähigkeit nicht eigenständig wettmachen kann: Daraus ergeben sich Frustration, Unzufriedenheit und Missmut.

Kinder mit ADHS kennen keine Zwischenstufen: Sie sind an oder aus, hyperaktiv oder unzufrieden, schnell oder langsam, euphorisch oder gelangweilt... Aufgrund ihres Dopamin- und Noradrenalinspiegels sind sie so gut wie nie ausgeglichen. Langeweile empfinden sie als Mangel an Vergnügen: Ewas kann ihnen gefallen oder langweilt sie – wenn es sie langweilt, werden sie nervös, reizbar und widerspenstig.

Beobachten Sie, wie Kinder mit ADHS reagieren, wenn etwas zu Ende geht, das sie mögen. Meist sind sie enttäuscht und scheinen überspitzt zu reagieren. Der Grund dafür liegt allerdings darin, dass sie plötzlich von einer anregenden, schönen Situation in eine langweilige, ärgerliche katapultiert werden – das kostet sie viel Energie. Es ist nicht ihre Schuld, dass sie aufgeregt sind, wenn sie etwas schön finden: Sobald es vorbei ist, vermissen sie es stärker als andere Kinder und sind daher frustriert und gelangweilt. Kinder mit ADHS reagieren übertrieben, sind sich dessen aber meist bis zu einem Alter von neun bis zehn Jahren nicht im Mindesten bewusst.

Der Grund dafür liegt schlicht in ihrer besonderen Funktionsweise. Paradoxerweise langweilen sich Kinder, die viele sehr anregende Dinge tun, viel leichter, denn sie nehmen den enormen Unterschied zwischen Wohlbefinden und Unbehagen umso stärker wahr.

Eltern beobachten oft, dass sich Kinder bei Fernsehen und Computerspielen nicht langweilen und halten dies daher für geeignete Beschäftigungen. Im Kapitel „ADHS und elektronische Geräte“ werden wir näher darauf eingehen.

Hier einige Beispiele für Situationen, die für Kinder mit ADHS besonders langweilig sein können:

- Autofahrten (auch kurze)
- im Restaurant am Tisch auf den nächsten Gang warten
- am Bahnhof, am Flughafen, am Hafen warten
- bei religiösen Zeremonien stillhalten und schweigen.

Ihren höchsten Pegel erreicht die Langeweile wohl in der Schule. Das liegt nicht nur am Fach, sondern auch an der Lehrperson, an deren Unterrichtsmethode und Umgangsweise mit den Kindern.

Verstehen

Versuchen Sie, Ihr Verhalten bei Langeweile (Ihrer eigenen und der Ihres Kindes) zu analysieren.

- Wie reagieren Sie, wenn Ihr Kind Ihnen mitteilt, dass es sich langweilt? Haben Sie Verständnis oder finden Sie, es übertreibt? Kritisieren oder ermahnen Sie Ihr Kind, ärgern Sie sich?
- Erkennen Sie, wenn Ihr Kind sich langweilt? Wie verhält es sich?
- Fragen Sie je Ihr Kind direkt, ob es sich langweilt? Oder interpretieren und beurteilen Sie lieber selbst, bis Sie es schließlich zurechtweisen?
- Sind Sie der Meinung, jeder Mensch soll seine Langeweile in den Griff bekommen – also auch Ihr Kind?
- Was tun Sie, wenn Sie sich langweilen?
- Erinnern Sie sich, weshalb Sie sich als Kind langweilten? Und was Sie dagegen tun konnten? Denken Sie, Ihr Kind sollte sich gleich verhalten?
- Wie geht Ihr Partner oder Ihre Partnerin mit Langeweile um? Wie ging er oder sie als Kind damit um? Wie verhält er oder sie sich, wenn Ihr Kind frustriert ist?

- Neigen Sie dazu, sich zu sehr in Ihr Kind hineinzuversetzen und seinen Tag zu sehr zu füllen, damit es ein anregendes, vielfältiges Leben hat?

Handeln

Kommen wir nun zu den praktischen Anweisungen für den Umgang mit Langeweile bei Kindern mit ADHS.

Zuallererst müssen wir uns vor Augen halten, dass ein Kind ständige Beschäftigung braucht, damit es sich nicht langweilt. Sobald die Langeweile einsetzt, wird das Kind unfähig, sich selbst eine Beschäftigung auszudenken – daher liegt es an Ihnen, anregende Tätigkeiten zu organisieren.

Wir haben bereits darüber gesprochen, wie wichtig ein gut durchgeplanter Tagesablauf mit möglichst wenig Leerlauf ist. Beschäftigt sein bedeutet allerdings ebenso wenig, keine Zeit zur freien Verfügung zu haben, wie es bedeutet, Woche für Woche drei verschiedene Sportarten oder drei Kurse zu belegen. Das Leben Ihres Kindes soll weder eintönig noch ein Exzess sein, sondern *ausgeglichen*. Beachten Sie, dass Ihr Kind nach besonders anregenden Tätigkeiten (Fußball, Rummelplatz, Videospiel usw.) umso frustrierter sein wird. Die Lösung ist nicht, starke Gefühle einfach zu vermeiden, sondern diese – wie auch andere Aspekte im Leben Ihres Kindes – in den Griff zu bekommen. So sollten Sie unmittelbar nach einer besonders aufregenden und angenehmen Beschäftigung wie etwa Fußball nicht verlangen, dass Ihr Kind seine Aufgaben erledigt, sein Zimmer aufräumt oder sich waschen geht, denn in diesem Moment erreicht seine emotionale Dysregulation ihren Höhepunkt: Ihr Kind ist müde, möglicherweise hungrig, noch etwas aufgeregt und gleichzeitig niedergeschlagen, weil eine schöne Zeit vorbei ist – und damit gelangweilt und auf der Suche nach neuen Anreizen. Erwarten Sie nicht, was für

Sie vielleicht selbstverständlich wäre („Du hattest deinen Spaß, jetzt erledigst du deine Pflichten."): Ihr Kind „funktioniert" nicht so. Kinder mit ADHS zeigen sich in solchen Momenten von ihrer schlimmsten Seite – wappnen Sie sich also mit genügend Geduld und lassen Sie Ihr Kind langsam „herunterkommen", bevor Sie ihm Alltagsregeln auferlegen.

Helfen Sie ihm zu akzeptieren, dass das Leben für alle Menschen eine Mischung aus Actionfilm und Routine ist. Betrachten Sie es als Training, das – wie alle kognitiven oder motorischen Übungen – konstanten Einsatz erfordert, aber schließlich Früchte tragen wird.

Achten Sie besonders auf den Übergang zwischen einer Tätigkeit und der nächsten: Sorgen Sie nach einer aufregenden Beschäftigung für etwas Zerstreuung und schlagen Sie eine ruhige, angenehme Tätigkeit vor.

Ihr Kind braucht keinen ständigen Adrenalinkick – aber ebenso wenig soll sein Alltag ereignislos und langweilig sein. Damit es ihm gutgeht, sollte es jeden Tag mindestens drei Dinge tun, die ihm Vergnügen bereiten. Und jeden Tag etwas Neues lernen.

ADHS UND SPEZIALINTERESSEN

Wissen

Kinder mit ADHS können für manche Dinge oder Tätigkeiten echte Leidenschaft entwickeln: Wenn diese ihre gesamte Aufmerksamkeit, ihre Zeit und ihre Gedanken restlos in Anspruch nehmen, kann man von „Spezialinteressen" sprechen. Spezialinteressen kennt man auch im Autismus, allerdings sind sie dort sehr eingeschränkt: Menschen mit Autismus haben ein einziges Interesse, das oft ihr ganzes

Sein ausfüllt. Da ADHS ebenso wie der Autismus eine Störung der neuronalen Entwicklung ist, ist eine solche Gemeinsamkeit an und für sich wenig überraschend, obgleich es sich um eine ähnliche, aber nicht identische Facette handelt. Für meinen Teil vergleiche ich diese Ähnlichkeit mit der Verwandtschaft unter Cousins, im Unterschied zu jener unter Geschwistern.

Wir haben bereits festgestellt, dass Kinder mit ADHS ein besonderes Verhältnis zu Genuss und zu all jenem haben, was ihnen Aufregung und Euphorie beschert. Dabei kann es sich um ein Spiel, um Sport, um Sammelobjekte, eine TV-Sendung, ein Computerspiel, Bausteine usw. handeln.

Wenn Kinder mit ADHS eine Leidenschaft entwickeln, können sie äußerst kreativ werden. Sie sind häufig talentiert, aber da sie dazu neigen, rasch das Interesse zu verlieren und von einer Tätigkeit zur nächsten zu springen, ist nicht immer unmittelbar zu erkennen, in welchem Bereich sie ihre Kreativität zum Ausdruck bringen könnten.

Wenn ihnen eine Tätigkeit Freude bereitet und sie sich dafür begeistern, können sie ihr über Stunden hochkonzentriert nachgehen. Wenn sie etwas brennend interessiert, loten sie es bis ins kleinste Detail aus – ganz gleich, ob es sich nun um ihre Lieblingsmannschaft im Sport, um Figuren aus einem Buch oder einem Film, um Planeten, Flaggen, die Hauptstädte der Welt, Tiere oder anderes handelt: Anders als in der Schule gelingt es ihnen hier, in ein Thema einzutauchen, sich detailliert zu informieren und sich viele auch noch so kleine Details zu merken.

Viele Kinder mit ADHS sind ausgezeichnete Bastlerinnen und Bastler und können ohne Weiteres Modelle bauen, die eigentlich für größere Kinder gedacht wären. Sie interessieren sich oft schon früh für Dinosaurier, Bagger und Autos und sind eifrige Sammlerinnen und

Sammler: Beim Sammeln ziehen sie sich nämlich in ihre ganz eigene Welt zurück, in der sie sich wohl fühlen.

Beim unaufmerksamen ADHS-Subtyp sind Spezialinteressen noch spezifischer: Betroffene Kinder sind besonders kreativ und in Zeichnen, Musik oder Kunst im Allgemeinen sehr begabt.

Spezialinteressen sind für Kinder mit ADHS an und für sich eine echte Stärke, aber problematisch, wenn sie nicht damit umgehen können. Für Kinder mit ausgeprägter Sammelleidenschaft etwa ist es frustrierend, wenn sie ihre Sammlung nicht im Handumdrehen vervollständigen können. Wenn ihr Spezialinteresse der Sport ist, können sie es kaum akzeptieren, dass sie ein Match nicht bis zum Abpfiff sehen dürfen. Wenn sie sich für ein Videospiel begeistern, werden sie spielen wollen, bis sie alle Levels bestanden haben und entwickeln eine regelrechte Fixation auf die dazugehörigen Tutorials.

Wenn Kinder mit ADHS neue Interessen für sich entdecken, denken sie an nichts anderes mehr: Sie wollen haben, handeln, ihre Vorstellung umsetzen und alles dafür tun, um ihr Projekt zu Ende zu bringen. Ich höre immer wieder von Eltern, dass ihr Kind dermaßen beharrlich um etwas bettelt, dass sie schließlich aus Verzweiflung nachgeben. Tatsache ist, dass das Kind sehr wahrscheinlich konstant von seiner Leidenschaft abgelenkt ist, bis es das Interesse verliert und daher wieder neue Anreize braucht. Genau so funktioniert das Gehirn von Kindern mit ADHS: **Wenn sie etwas besonders Interessantes, Aufregendes und Anziehendes für sich entdecken, können sie ihre Aufmerksamkeit bündeln, sich konzentrieren und ihr Bestes geben.**

Dieser Charakterzug bedeutet keineswegs, dass Kinder mit ADHS faul oder Drückeberger sind, die sich in der Schule nur deshalb nicht konzentrieren, weil sie keine Lust dazu haben – im Gegenteil: Sie können sich einfach nicht aussuchen, was sie interessant oder uninteressant finden.

Wenn uns etwas interessiert oder gefällt, möchten wir es haben: Unser Gehirn produziert Dopamin, und Dopamin wiederum fördert die Konzentration. Wir alle fühlen uns gut, wenn wir uns konzentrieren können und Ergebnisse erzielen. Bei Kindern mit ADHS verhält es sich genauso, nur gelingt es ihnen in der Regel nicht. Gerade deshalb kommt für sie Verzicht nicht in Frage, wenn sie einmal etwas gefunden haben, das sie begeistert: Der Genuss und das Wohlgefühl, das eine interessante Beschäftigung beschert, sind fast unwiderstehlich.

Verstehen

Jetzt liegt es an Ihnen: Sie müssen verstehen lernen, wo die Leidenschaften und Interessen Ihres Kindes angesiedelt sind.

- Sehen Sie sich in seinem Zimmer um und versuchen Sie zu verstehen, welche Spiele Ihr Kind besonders gern mochte und anschließend links liegen gelassen hat.
- Sehen Sie sich gemeinsam die Lieblingsfilme Ihres Kindes an, prüfen Sie, welche Videos es regelmäßig auf YouTube abruft (mehr dazu im Kapitel „ADHS und elektronische Geräte") und sehen Sie sich einige davon an.
- Legen Sie eine Liste der Themen an, für die sich Ihr Kind begeistert.
- Wie stehen Sie zu den Interessen Ihres Kindes? Begeistern Sie sich auch dafür, oder finden Sie sie langweilig?
- Behalten Sie Ihr Kind beim Spielen im Auge, oder sind Sie der Meinung, dass das nicht zu Ihren Aufgaben gehört?
- Begeistern auch Sie sich für Sammeln, Sport, Kunst oder Musik? Falls ja, dann können Sie sich gut in Ihr Kind hineinversetzen. Setzen Sie sich allerdings auch hier Grenzen,

andernfalls laufen Sie Gefahr, Ihr Kind nicht zu erziehen, sondern vielmehr sein Verhalten zu rechtfertigen.

Handeln

Sie müssen nicht zwingend dieselben Interessen wie Ihr Kind haben, aber solange es noch klein ist, sollten Sie seine Leidenschaft teilen – ansonsten laufen Sie Gefahr, es zu „verlieren".

Man kann es nicht oft genug sagen: Um Ihr Kind richtig erziehen zu können, müssen Sie es verstehen, und um es zu verstehen, müssen Sie ihm zuhören und einschreiten, wenn Grenzen aufgezeigt werden müssen.

Lassen Sie sich nicht von vorgefertigten Meinungen leiten, wenn es um die Interessen Ihres Kindes geht: Es kann so gut wie alles tun, sogar mehr als Sie in seinem Alter – wichtig ist aber, dass es gut vorbereitet, zur rechten Zeit und ordentlich ans Werk geht.

Als Eltern müssen Sie Ihrem Kind beibringen, seinen Rennmotor richtig einzusetzen: Herunterschalten, wenn Ruhe angesagt ist, beschleunigen, wenn der Weg nach vorne frei ist, bremsen, wenn Hindernisse in Sicht sind, und niemals bei voller Fahrt die Handbremse ziehen. Fördern Sie seine Interessenvielfalt und helfen Sie ihm dabei, eine neue Leidenschaft nicht einfach links liegen zu lassen, sobald die Begeisterung schwindet: Helfen Sie ihm stattdessen ein Thema samt allem, was dazugehört, in die Erinnerungskiste zu legen. Bringen Sie Ihrem Kind bei, sich die Zeit zu nehmen, eine Sache zu Ende zu bringen: Bevor es sich in ein neues Abenteuer stürzt, sollte es Ordnung machen und entscheiden, ob es alte Sachen lieber aufbewahren oder anderen Kindern schenken will, oder ob es seine Leidenschaft mit Fotos und Videos festhalten möchte...

Die Tatsache, dass sich Ihr Kind für bestimmte Dinge begeistern kann, ist ein klarer Vorteil für Sie. Gehen Sie nach dem Gegenseitigkeitsprinzip *do ut des* vor: z. B. schenken Sie für je fünf Mal brav Zähneputzen jeweils eine Packung Sticker oder einen Kinobesuch usw. Richten Sie sich einfach nach den Interessen Ihres Kindes und erstellen Sie eine Liste möglicher Belohnungen, anhand derer Ihre Regeln und Vorgaben für Ihr Kind einen Sinn bekommen.

Exkurs: Belohnung und Ermutigung

Kinder können auf unterschiedliche Art und Weise belohnt werden.

- **Soziale Verstärker:** verbales Lob, z. B. „bravo“, „das hast du gut gemacht“ oder „ich bin stolz auf dich“.
- **Soziale Belohnung:** z. B. ein Kinobesuch.
- **Naschereien als Belohnung:** ausnahmsweise Schokolade, Eis, Bonbons, Pommes usw.
- **Materielle Belohnung:** z. B. ein neues Spiel.

In der Regel sind soziale Belohnungen vorzuziehen.

ADHS UND ELEKTRONISCHE GERÄTE

Wissen

Dieses Thema liegt mir besonders am Herzen. Aus ärztlicher Sicht halte ich es für äußerst wichtig, Eltern zu erklären, welche Auswirkungen die unkontrollierte Nutzung von Internet, elektronischen Geräten und Videospielen auf das Gehirn von Kindern mit ADHS hat.

Viele von Ihnen haben vermutlich bereits gemerkt, welche Faszination Bildschirme aller Art seit jeher auf Ihr Kind ausüben: Die Wirkung ist geradezu hypnotisch. Die rasche Bildabfolge, die intensiven Farben und Klänge sind für Kinder mit ADHS besonders anziehend – ein rasantes, befriedigendes Erlebnis, das bestens zur Funktionsweise ihres Gehirns passt. Beobachten Sie Ihr Kind bei Videospielen, auch simplen Spielen auf einem Smartphone: Es ist bereits bei den ersten Versuchen schnell und geschickt. Das liegt daran, dass Videospiele auf die ständige Herausforderung der Spielerinnen und Spieler ausgelegt sind, und auf Kinder mit ADHS wirkt dies anregend, aufregend, motivierend und unterhaltsam. Sie genießen es, wenn sie Level um Level aufsteigen. Wir haben bereits festgestellt, wie wichtig Herausforderungen, Wettbewerb und Sieg für Kinder mit ADHS sind.

Vielleicht hat Ihr Kind mit sechs oder sieben Jahren (oder sogar früher) schon gelernt, mit Videospielen auf dem Tablet oder Smartphone umzugehen und eigenständig YouTube-Videos abzurufen, in denen neue Spielstrategien zum Meistern der jeweiligen Herausforderungen erläutert werden. In diesem Fall werden Sie festgestellt haben, dass Ihr Kind ein besonderes Talent hat: Kinder mit ADHS sind erstaunlich erfolgreiche Autodidakten.

Sie werden außerdem bemerkt haben, dass Ihr Kind kaum von Tablet, Telefon oder sonstigen Bildschirmen abzulenken ist, sobald es sie für sich entdeckt hat. Und abschließend dürfte Ihnen nicht entgangen sein, wie hartnäckig Ihr Kind um Bildschirmzeit bettelt, wenn es sich langweilt und sich eigentlich selbst beschäftigen sollte.

Möglicherweise überlassen Sie ihm das Gerät in der Meinung, Ihr Kind beruhige und entspanne sich, während Sie den Haushalt oder Ihre Arbeit erledigen oder einfach etwas ausruhen können. Dabei haben Sie sicherlich auch beobachtet, dass Ihr Kind von klein auf problemlos stundenlang am Bildschirm sitzen kann, wenn man ihm keine Grenzen setzt.

An dieser Stelle sollten Sie kurz innehalten und sich fragen, ob solches Verhalten normal für ein Kind ist. Nicht alles, was unseren Kleinen gefällt, ist auch gut für sie – das ist kein Geheimnis. Sie würden Ihrem Kind wohl nicht erlauben, beliebig viel von seiner Leibspeise zu essen, weil es sonst Bauchweh bekommen könnte, oder abends bis spät aufzubleiben, weil es sonst am nächsten Tag hundemüde wäre, oder im Winter barfuß durchs Haus zu tollen, weil es sich sonst erkälten könnte. Und doch kommt es seit einigen Jahren immer wieder – und immer öfter – vor, dass ich bei meiner Arbeit mit Eltern zu tun habe, die sich nicht bewusst sind, wie schädlich Tablet, Smartphone, Videospiele und Bildschirme im Allgemeinen für ihre Kinder sind. Seit es in jedem Haushalt Smartphones gibt, scheint auch kaum mehr jemand Bedenken zu haben, wenn Kleinkinder damit hantieren. Sicher haben auch einige von Ihnen schon Ihrem Kind Schlaflieder am Telefon vorgespielt oder es beim Füttern mit einem lustigen Video abgelenkt.

Ab wann sind Sorgen gerechtfertigt?

Wie erkennt man, ob und wann elektronische Geräte für Ihr Kind schädlich sind? Beobachten Sie seine Reaktion, wenn Sie ihm mitteilen, dass die Bildschirmzeit vorbei ist. Wirkt Ihr Kind gereizt? Bricht es seine fesselnde Beschäftigung nur widerwillig ab? Protestiert es? Oder bekommt es sogar einen Wutanfall, schreit und wirft Ihnen vor, Sie seien unfair und ließen ihm nie genügend Zeit, um fertigzumachen? In diesem Fall sollten Sie sich Sorgen machen.

Wenn ein Kind unverhältnismäßig viel Freude an einer bestimmten Tätigkeit hat und irritiert reagiert, sobald die zugeteilte Zeit vorüber ist, kann man davon ausgehen, dass besagte Tätigkeit sein Gehirn überfordert, ungesund ist und zur Sucht wird (wie bereits angemerkt, ist das Gehirn von Menschen mit ADHS besonders im Jugendalter anfällig dafür, Suchtverhalten zu entwickeln).

Sind alle elektronischen Geräte gleich schädlich?

Worin unterscheiden sich Tablets, Smartphones und Fernsehgeräte? **Nicht jeder Bildschirm ist gleich schädlich:** Der Grund dafür liegt im Abstand zwischen Auge und Gerät.

Der Abstand zwischen einem Tablet oder Smartphone und den Augen Ihres Kindes beträgt maximal 40 cm. Es handelt sich dabei um einen *virtuellen Raum*, den niemand betreten kann, und nicht um einen physischen Raum. Während Ihr Kind auf ein Tablet, ein Smartphone, eine Spielkonsole oder einen Laptop starrt, haben Sie keinerlei Möglichkeit, in den virtuellen Raum dazwischen einzudringen: Ihr Kind befindet sich in einer Art Blase, als tauche es direkt in den Bildschirm ein.

Beim Fernsehen verhält es sich hingegen anders, denn der Abstand beträgt in der Regel mindestens 1,5 Meter, und der Raum dazwischen ist *physisch*, nicht virtuell: Wenn Sie sich beispielsweise vor das Gerät stellen, dringen Sie in die Blase ein, durchbrechen die Konzentration und stellen sicher, dass Ihr Kind nicht völlig eingenommen ist.

Internetzugriff

Bei modernen Fernsehgeräten ist – nicht zuletzt auch angesichts der Lernfähigkeit von Kindern – ein wichtiger Faktor zu berücksichtigen: Sie sind internetfähig. Somit gilt es, nun auch dieses Thema zu erörtern.

Wenn keine Erwachsenen zur Beaufsichtigung anwesend sind, **ist es gefährlich und daher absolut nicht ratsam, Kindern unter zehn**

Jahren freien Internetzugang zu gewähren. Möglicherweise halten Sie mich für altmodisch, aber dem ist nicht so: Die Welt hat sich zweifellos verändert, und mit ihr auch die Bedürfnisse unserer Kinder. Wenn die Gesellschaft auch einen rasanten Wandel durchlebt hat, so sind unsere Kinder dennoch keine kleinen Avatare, sondern einfach nur eins: Kinder! Viele Erwachsene halten es für völlig normal, wenn die Kleinen ab ihrer frühsten Kindheit freien Zugang zum allgegenwärtigen Internet haben – dabei gibt es keinen Grund, weshalb man ihnen dies erlauben sollte.

Auch die COVID-Pandemie hat diesen Wandel mitgeprägt, denn während ihre Eltern im Homeoffice arbeiteten, bekamen die Kinder Fernunterricht. Damals mussten wir uns der Notlage anpassen, aber die seit damals nahezu uneingeschränkte Internetnutzung selbst unter Grundschulkindern finde ich bedauernswert. Wir haben ihnen ein Werkzeug in die Hand gegeben, mit dem sie noch nicht umgehen können. Und doch herrscht vielfach die Meinung vor, Kinder bräuchten elektronische Geräte, um mit ihrem Freundeskreis und ihren Lehrpersonen in Kontakt zu bleiben oder Lernvideos im Internet abzurufen.

All das wäre sinnvoll, wenn ein Elternteil mit dabei wäre, wann immer das Kind ein Gerät benutzt – aber das ist schlicht unrealistisch. Man kann das eigene Kind nicht ständig überwachen. Kinder spielen seit jeher auch allein und unbeaufsichtigt. Als wir klein waren, spielten wir mit Puppen, Autos oder Bauklötzen, und unsere Eltern waren auch nicht ständig da: Vielmehr nutzten sie – ganz zu Recht – diese Zeit, um anderes zu tun. Dasselbe galt auch für das Fernsehen: Unsere Eltern suchten einen Sender und ein passendes Programm für uns aus und konnten beruhigt ihren anderen Beschäftigungen nachgehen (gefährlich waren dabei höchstens die leidigen Werbeunterbrechungen, die auch heute noch aus keinem

Kinderprogramm wegzudenken sind). Wie sicher fühlen Sie sich aber, wenn Ihr Kind heute im Internet surft? Manche von Ihnen sind sicher mit Argusaugen bei der Sache, aber möglicherweise haben auch Sie schon einmal Ihrem Kind das Handy überlassen, um es kurz ruhigzuhalten – keine wirklich gute Lösung. Zudem finden sich auf Smartphones allerlei sensible Informationen zum Privat- und Arbeitsleben und nicht selten auch Kontonummern. Natürlich wird Ihr Kind nicht die Home-Banking-App oder Ihren SPID benutzen, aber Kinder mit ADHS sind schlau und lernen schnell durch Zuschauen, daher ist es keine Seltenheit, dass sie auch ohne die Erlaubnis ihrer Eltern Spiele (selbst zahlungspflichtige!) installieren.

Verstehen

Beleuchten wir nun Ihr Verhältnis zu elektronischen Geräten.

- Überlassen Sie Ihrem Kind häufig das Handy?
- Haben Sie Spiele auf Ihrem Smartphone installiert?
- Kann Ihr Kind eigenständig Spiele installieren?
- Hat Ihr Kind bereits ein eigenes Handy?
- Wie viele Stunden am Tag verbringt es am Tablet?
- Darf es unbeaufsichtigt im Internet surfen?
- Hatten Sie jemals Streit, weil Ihr Kind ein Spiel oder ein Video nicht unterbrechen wollte?
- Darf Ihr Kind auch abends im Bett oder morgens gleich nach dem Aufstehen elektronische Geräte benutzen?
- Bekommt es Wutanfälle, wenn es bei seinem Lieblings-Videospiel nicht gewinnt?
- Spielt es Spiele, die für seine Altersstufe nicht zugelassen sind?
- Welches Verhältnis haben Sie als Eltern zu Videospielen und Smartphones? Bleibt das Handy beim Essen auf dem Tisch? Telefonieren oder schreiben Sie beim Autofahren?

- Welches Beispiel geben Sie Ihrem Kind, was elektronische Geräte betrifft?

Handeln

Es mag vielleicht übertrieben klingen, aber als Ärztin kann ich Ihnen bestätigen, dass es keinesfalls so ist: Kinder sollten nur in Maßen Zugriff auf Videos im Internet und Videospiele haben. Die Benutzung über längere Zeit beeinträchtigt Ihre Konzentrationsfähigkeit und wirkt sich auf ihre Impulsivität und die Einhaltung sozialer Regeln aus.

Falls das Lehrpersonal auf eine Verschlechterung der Verhaltens Ihres Kindes hinweist, sollten Sie als erstes darüber nachdenken, ob Sie im Bereich Videos/Videospiele die Kontrolle verloren haben. Ihre Aufgabe ist es, Regeln vorzugeben.

- Überlassen Sie Ihr Smartphone nie Ihrem Kind.
- Kinder unter elf Jahren (Mittelschulalter) sollten kein eigenes Smartphone haben bzw. kein Smartphone zur Verfügung gestellt bekommen.
- Sollten Sie dennoch der Meinung sein, dass Ihr Kind ein Handy braucht, „weil alle eines haben", entscheiden Sie sich am besten für ein altes Modell ohne Chatfunktion oder Internetzugang, auf dem Sie bereits die Lieblingsspiele Ihres Kindes installiert und seine Lieblingsvideos gespeichert haben.
- Lassen Sie Ihr Kind niemals mehr als 30–45 Minuten durchgehend und in keinem Falls mehr als eineinhalb Stunden am Tag spielen. Insgesamt sollte ein Kind nie mehr als insgesamt zwei Stunden vor einem Bildschirm – TV, Tablet, Videospiel, Smartphone usw. – verbringen.
- Vermeiden Sie Streit und nehmen Sie Ihrem Kind Tablet oder Handy nicht einfach aus der Hand, falls es gereizt reagiert,

sobald seine Zeit um ist. Weisen Sie es mindestens dreimal im Abstand von fünf Minuten darauf hin, dass die Zeit abgelaufen ist. Wenn es sich dann immer noch weigert, das Gerät abzuschalten, verbieten Sie ihm jegliche Bildschirmzeit für fünf Tage.

ADHS UND AGGRESSIVES VERHALTEN

Wissen

Die Meinung, Kinder mit ADHS seien verhaltensgestört, weil sie sich nicht an Regeln halten, schwer zu zügeln, häufig wütend und frustriert und manchmal aggressiv sind, ist weit verbreitet. **Aggressives Verhalten ist aber keineswegs typisch für ADHS.** Wenn Kinder mit ADHS aggressiv sind, muss man daher die Ursache ergründen und das Problem so rasch wie möglich beseitigen.

Wir haben bereits festgestellt, dass ADHS mit einer Reihe von Begleiterkrankungen auftreten kann: Eine der häufigsten ist die oppositionelle Verhaltensstörung, die das Risiko von häufig in Aggressivität ausartenden Wutanfällen birgt.

Was bedeutet es aber, wenn ein Kind „aggressiv" ist? Das Kind empfindet intensive Wut und kann sie nicht kontrollieren, was sich in gewalttätigem Verhalten gegenüber Sachen oder Menschen äußert. Kinder sind selten kalt, vorsätzlich und aus Berechnung aggressiv: In solchen Fällen ist die Situation noch heikler und erfordert noch rascheres Eingreifen.

Wir unterscheiden zwischen verbaler und körperlicher Aggressivität.

- **Verbale Aggressivität** richtet sich gegen andere Menschen und äußert sich in Form von Geschrei, Beleidigungen, Kraftausdrücken, Drohungen.
- **Körperliche Aggressivität** kann gegen Sachen (Gegenstände zerbrechen, zerstören, werfen), Mitmenschen (anderen Schmerzen zufügen) oder die eigene Person (sich selbst Schmerzen zufügen) gerichtet sein.

Wenn die Wutanfälle gehäuft auftreten (mindestens neun im Laufe von drei Monaten), sind Sorgen berechtigt. Bei größerer Häufigkeit sind umgehend Maßnahmen erforderlich.

Wenn die Aggressivität sich im Rahmen eines Wutanfalls manifestiert, gilt es herauszufinden, was den Anfall hervorgerufen hat: Nur so können wir dem Kind dabei helfen, seine Aggressivität unter Kontrolle zu halten. Allzu oft aber beschränken wir uns darauf, wie mit dem Kind während seiner Krise umzugehen ist: Zweifellos ein wichtiger Punkt, aber der Auslöser wird damit nicht beseitigt.

Daher ist es von grundlegender Bedeutung zu *verhindern, dass das Kind in eine Krise rutscht*. Um dies zu erreichen, gilt es die Krise selbst zu *verhindern*, und dazu wiederum müssen wir mögliche Auslöser *vorhersehen* und rechtzeitig erkennen.

Wir haben bereits gesehen, dass Kinder mit ADHS eine niedrige Frustrationsschwelle haben und damit stärker emotional dysreguliert sind. Sie können aggressiv sein, weil sie mit Frustration jeglicher Art nur schwer umgehen können, kommen mit Niederlagen häufig nicht zurecht, akzeptieren keine Regeln, fühlen sich schuldig, wenn sie Fehler machen und können aufgrund ihres impulsiven Charakters laut oder handgreiflich werden, wenn sie Unbehagen verspüren.

Das Problem ist vor allem, dass Aggressivität schwerwiegende Folgen auf das Leben des Kindes in der Gesellschaft haben kann: Es gibt kein soziales Umfeld, in dem Aggressivität geduldet wird – daher werden Kinder mit ADHS und Aggressivitätsproblemen ausgeschlossen und isoliert.

Falls Ihr Kind aggressive Verhaltensweisen an den Tag legt, müssen Sie unbedingt frühzeitig eingreifen, um zu verhindern, dass es von seinen Gleichaltrigen (in Kindergarten, Grundschule, Sport) ausgegrenzt und in der Folge noch frustrierter und wütender wird.

Verstehen

Analysieren Sie das Aggressionsverhalten Ihres Kindes und Ihre Reaktion darauf.

- Ist Ihr Kind aggressiv? Falls ja, ist es nur zu Hause oder auch in der Schule aggressiv?
- Kommt das allfällige aggressive Verhalten Ihres Kindes sporadisch oder häufig vor?
- Schlägt sich Ihr Kind mit seinen Geschwistern?
- Schreit es Sie an, wenn ihm etwas nicht passt?
- Benutzt es zu Hause Schimpfwörter?
- Wann hat das aggressive Verhalten begonnen?
- Gab es andere Zeitpunkte in seinem Leben, an denen es sich so verhalten hat?
- Kommt es zu Hause vor, dass Sie die Beherrschung verlieren, wenn Sie wütend sind?
- Sind Sie jemals Ihrem Kind gegenüber handgreiflich geworden?
- Bestrafen Sie Ihr Kind?
- Benutzen Sie Familienmitgliedern gegenüber Schimpfwörter und Beleidigungen?

- Haben Sie Verwandte, die jähzornig sind, zu Gewalt neigen oder sogar Probleme mit der Justiz haben? Falls ja, gibt es möglicherweise eine familiäre Veranlagung für solches Verhalten, und die Präventionsarbeit mit Ihrem Kind ist umso wichtiger.

Handeln

Wenn Ihr Kind mit ADHS aggressives Verhalten an den Tag legt, sollten Sie Hilfe suchen.

- **Wenn sich die Aggressivität nur zu Hause zeigt,** ist die Situation weniger schwerwiegend. Arbeiten Sie an Ihrem Kommunikationsstil, arbeiten Sie an Ihrer Autorität, setzen Sie Grenzen, reduzieren Sie Konfliktpotenzial, verbieten Sie elektronische Geräte, solange das Problem besteht, und arbeiten Sie an Rivalität und Eifersucht zwischen Geschwistern.
- **Wenn sich die Aggressivität im Kindergarten oder in der Grundschule zeigt,** ist das Problem ernster. Rechtfertigen Sie Aggressivität niemals. Arbeiten Sie mit dem Lehrpersonal zusammen und nehmen Sie sich mindestens drei Monate Zeit, um das Problem gemeinsam zu lösen. Analysieren Sie etwaige Konfliktsituationen in der Klasse und halten Sie Ihr Kind von Mitschülerinnen und Mitschülern fern, mit denen es häufiger Streit gibt. Versuchen Sie zu verstehen, ob Ihr Kind aufgewühlt ist oder gemobbt wird. Bestrafen Sie es nicht, sondern schaffen Sie lediglich übertriebene Privilegien ab und versuchen Sie, schlechte Gewohnheiten zu beseitigen. Sollte dies nicht zum gewünschten Ergebnis führen, sollten Sie sich umgehend an eine Fachkraft für Neuropsychiatrie wenden.

ADHS UND EINKÄUFE

Wissen

Kinder mit ADHS können sehr hartnäckig sein, wenn sie sich etwas in den Kopf setzen: Dinge tun, machen, bekommen oder kaufen – durch ihre Impulsivität sind sie ungeduldig und unfähig, zu warten. Sie neigen zum zwanghaften Kaufen und haben als Erwachsene möglicherweise Schwierigkeiten im Umgang mit Finanzen: Wenn sie Geld zur Verfügung haben, geben sie es aus, ohne die Konsequenzen zu bedenken.

Wenn mir Eltern erzählen, dass ihr Kind nie zufrieden ist und immer mehr will, muss ich unweigerlich an einen Text des italienischen Songwriters Jovanotti denken, der übersetzt in etwa so lautet:

„Ich hab nie genug,
Ich möchte ein Riesensandwich
Mit tausend Sachen drin,
Eine Badewanne voller Cola,
Ich will ein Flugzeug, oder besser noch: ein Schiff,
Nein, ein Raumschiff oder doch ein U-Boot.
Dazu einen Helm voller Sahne,
Den ich aufsetzen und ausschlecken kann,
Bis nichts mehr übrig ist.“

Dies ist ein Aspekt, den man bei Kindern mit ADHS besonders im Auge behalten muss, denn manchmal schrecken sie später auch vor kleinen Diebstählen nicht zurück, um sich zu holen, was sie ersehnen.

Woher aber kommt dieses Bedürfnis, Dinge zu besitzen? Die Antwort ist ganz einfach: Aus ihrer Lebenslust, ihrer Begeisterung, mit der sie immer weiterziehen, sich für Neuheiten und all das begeistern, was andere haben. Wir haben gesehen, dass Kinder mit ADHS sich ganz und gar in ein Spiel oder in ein Thema stürzen können, wenn sie eine Leidenschaft dafür entwickeln. Allerdings schwindet dieses Interesse auch genauso schnell wieder, wie es gekommen ist (s. Kapitel „ADHS und Spezialinteressen“) und muss durch ein neues ersetzt werden – ansonsten wird das Leben zu langweilig („Ich hab nie genug“).

Für solche Kinder ist ausgeklügelte, konditionierende (und allgegenwärtige) Spielzeugwerbung gefährlich: Sie sind fasziniert von alldem, was sie nicht haben und besitzen möchten und können nicht einsehen, weshalb man nicht alles haben kann, was man will. Ihre Impulsivität und ihre chronische Unzufriedenheit sind ein potenzieller gefährlicher Nährboden für die Suche nach immer intensiveren Erfahrungen im Jugendalter, etwa Alkohol, Tabak, Drogen oder gar grenzwertige Verhaltensweisen.

Der angeborene Zug von Kindern mit ADHS ist selbstverständlich ihre Impulsivität, nicht der Kaufzwang – letzterer ist eine schlechte Gewohnheit, die sie durch Nachlässigkeit ihrer Eltern oder anderer Verwandter erlernt haben. Dabei muss auch gesagt werden, dass Supermärkte und Kiosks immer mehr zu einem regelrechten Schlaraffenland werden: Wer mit einem Kind dorthin geht, kommt selten ohne ein kleines Mitbringsel wieder zurück.

Einkaufen mit Kindern kann für jeden Menschen eine Herausforderung sein, bei Kindern mit ADHS aber kann es regelrecht zum Albtraum werden: Sie legen alles Mögliche in den Einkaufswagen, und wird es ihnen verwehrt, sind blamable Wutanfälle in der Öffentlichkeit keine Seltenheit. Vor allem kleine Kinder stürmen nur so durch die Regalreihen. Dasselbe Schauspiel bietet sich in Tabakhandlungen oder Zeitungsläden, vor allem, wenn die betreffenden Kinder leidenschaftlich die im Fernsehen so intensiv beworbenen

Stickerpackungen sammeln. Ziehen sie Bauklötze vor, wollen die Kleinen ihre Sammlung an Figuren, Raumschiffen, Flugzeugen und Fantasiewelten konstant erweitern, spielen sie hingegen lieber mit Puppen, finden sie neue Accessoires unwiderstehlich. Erwachsene Männer mit ADHS begeistern sich häufig für schnelle Motorräder und Autos, Frauen mit ADHS hingegen ändern häufig Aussehen, Make-up oder Frisur.

Dieser besondere Wunsch, verschiedenste Interessen und Leidenschaften voll auszuleben kann für Sie aus erzieherischer Sicht ein wertvoller Hebelpunkt sein. Wie wir bereits gesehen haben, funktioniert Ihr Kind nach dem Gegenseitigkeitsprinzip *do ut des*: „Du willst, dass ich etwas tue, obwohl ich nicht mag. Weshalb sollte ich, wenn ich kein Interesse daran habe? Du musst mir etwas dafür geben!" Kinder mit ADHS können so außerordentlich gut verhandeln, dass sie ihr Ziel zum Schluss fast immer erreichen: **Versuchen Sie, diese Fähigkeit zu Ihrem Vorteil zu nutzen und werden Sie noch besser als Ihr Kind.** Diesen Vorsatz sollten Sie sich stets in Erinnerung rufen, wenn Ihr Kind Wünsche anmeldet.

Bevor sie verhandeln, setzen Kinder mit ADHS aber meist auf die Ermüdungskarte und lassen nicht locker, bis sie bekommen, was sie sich in den Kopf gesetzt haben. Wenn die hartnäckigen Kleinen merken, dass Sie bald nachgeben werden, aber im Gegenzug etwas verlangen, beginnt die Verhandlung: Wie Sie diese Phase zu Ihrem Vorteil nutzen können, erfahren Sie gleich.

Verstehen

Auch hier beginnen wir unsere Analyse nicht beim Kind, sondern bei Ihnen. Stellen Sie sich folgende Fragen:

- Kaufen Sie Ihrem Kind immer ein kleines Geschenk, wenn Sie einkaufen gehen?
- Geben Sie nach und kaufen, was Ihr Kind verlangt, um es im Supermarkt ruhig zu halten?
- Will Ihr Kind immer etwas, wenn Sie es mit in den Zeitungsladen nehmen? Geben Sie nach?
- Wie viel Geld geben Sie pro Woche für kleine Geschenke für Ihr Kind aus, wenn es mit Ihnen einkaufen geht?
- Ertappen Sie sich oft bei Gedanken wie: „Das arme Kind verdient sich sein Geschenk ebenso wie ich mir meinen täglichen Kaffee an der Bar“?
- Oder sind Sie der Meinung, dass Ihr Kind das Recht darauf hat, seine Lieblingsnaschereien zu bekommen, so wie auch Sie Dinge kaufen, die Ihnen schmecken?

Handeln

Erfüllen Sie Ihrem Kind nicht jeden beliebigen Wunsch, nur, damit es stillhält. Schlechte Gewohnheiten festigen sich im Nu und sind nur schwer wieder loszuwerden.

Bringen Sie Ihrem Kind den Wert von Geld bei und dass es sich verdienen muss, was es sich wünscht.

Stehen Sie ihm bei der Erfüllung seiner Wünsche nicht im Weg, sondern zeigen Sie ihm, wie es darauf hinarbeiten kann.

Räumen Sie seine Spiele und Kleider regelmäßig auf und gehen Sie systematisch durch, was Ihr Kind alles hat: Häufig werden Dinge in der Unordnung einfach vergessen. Machen Sie ihm niemals Vorwürfe für Anschaffungen: Wenn Sie etwas kaufen, muss es immer einen Grund dafür geben.

Ein Geschenk bekommt man nicht alle Tage – eine wohlverdiente Belohnung hingegen schon.

ADHS UND KÖRPERPFLEGE

Wissen

Ich beobachte gerne Kleidungsstil und Körperhaltung von Kindern mit ADHS: Häufig äußern sich ebendort bereits die typischen Merkmale ihrer Störung. Jugendliche mit ADHS neigen beispielsweise dazu, ihre Schuhe oder Stiefel nicht zuzuschnüren, mögen weite, bequeme Kleidung, Jeans mit niedrigem Bund, Kapuzenpullis und Baseball Caps (die sie selbst in der Klasse nicht abnehmen) und legen großen Wert auf ihren nonkonformistischen Look (oder besser: Anti-Look!). Wie alles andere sind auch ihre Kleider strapaziert – nicht schmutzig oder verwahrlost, sondern einfach intensiv benutzt und etwas abgebraucht! Kinder mit ADHS lieben alles Bequeme und Praktische. Sie machen sich im Handumdrehen schmutzig und nutzen Kleidung und Schuhe wie auch ihre sonstigen Besitztümer rasch ab.

Was ihre Körperpflege betrifft, läuft allgemein alles in geregelten Bahnen, solange sich die Eltern darum kümmern, aber vermutlich mussten auch Sie schon hart durchgreifen, damit sich Ihr Kind die Zähne putzt, duscht, sich kämmt, auf seine Sachen achtet oder fleckige Kleider auszieht. Der Grund für den Widerstand liegt einfach darin, dass es sich dabei um eine verpflichtende Routine handelt, die für Kinder mit ADHS schlichtweg langweilig und störend ist: **Was man „tun muss“, ist ihnen lästig,** daher protestieren sie manchmal selbst gegen das absolute Minimum an Körperpflege.

Betrachten wir die Angelegenheit einmal aus ihrer Sicht: Wer sich wäscht, duscht, sich aus- und anzieht, Kleider und Pyjama faltet, sich kämmt, die Schuhe schnürt, Hemd oder T-Shirt ordentlich in die Hose steckt, Reißverschlüsse säuberlich zuzieht, aufräumt, die Schultasche packt, den Tagesablauf plant, Bonbonpapiere richtig entsorgt (anstatt sie in die Hosentasche zu stecken oder auf den Schreibtisch zu legen oder sie unterm Bett oder der Matratze zu verstecken), *vergeudet wertvolle Zeit*. Sonderbar, nicht wahr? Kinder mit ADHS sind echte *Trödlerinnen und Trödler*, hassen es aber, *Zeit zu verschwenden*!

Sie ertragen es kaum, ihre Lieblingsbeschäftigung für die tägliche Routine unterbrechen zu müssen – mehr noch: Alles, was sie von dem abhält, was *sie* eigentlich tun wollen, missfällt ihnen.

Es kann durchaus passieren, dass Ihr Kind Sie zur Verzweiflung treibt, weil es zuerst nicht unter die Dusche will, dann aber nicht mehr aus der Dusche herauszubekommen ist. Denn Kinder mit ADHS mögen Wasser: Ihr Problem ist lediglich, *dass sie es tun müssen*, und zwar *wenn andere dies entscheiden*.

Die größte Schwierigkeit ist der Übergang von einer angenehmen Beschäftigung – ganz gleich, welcher Art – zu einer, die *gerade jetzt* als unangenehm empfunden wird, aber keineswegs per se unangenehm sein muss. Kinder mit ADHS sind in dieser Hinsicht völlig unberechenbar: Immer wieder berichten Eltern, dass ihre Kinder an manchen Tagen ihre Aufgaben im Nu erledigen und an anderen einfach nicht in die Gänge kommen.

Schwierig sind auch die morgendlichen Vorbereitungen: Die Kinder sind besonders lustlos und langsam, trödeln beim Anziehen und sind kaum vom Bett ins Badezimmer zu bekommen. Viel lieber würden sie vom Bett auf die Couch, am liebsten vor den Fernseher, ziehen.

Kurz: So energiegeladen und anspruchsvoll Kinder mit ADHS sein können, so faul und gleichgültig können sie sein. All das gehört zu ihrem Auf und Ab, ihrem On-/Off-Modus.

Verstehen

Anhand der folgenden Fragen können Sie prüfen, ob das Verhalten Ihres Kindes im Hinblick auf Körperpflege problematisch ist.

- Rebelliert Ihr Kind, wenn es Zähne putzen, duschen, sich kämmen, die Schuhe schnüren, sich umziehen, sein Pyjama falten oder sich vor dem Essen die Hände waschen muss?
- Lassen Sie aus Erschöpfung zu, dass Ihr Kind sich die Zähne nicht putzt oder sich nicht kämmt?
- Gefällt Ihnen das lässige Aussehen Ihres Kindes oder stört es Sie?

Handeln

Wie ich bereits mehrmals unterstrichen habe: **Lassen Sie sich niemals von der ADHS Ihres Kindes demoralisieren.** Sie müssen stärker sein als seine Desorganisation und seine Impulsivität.

Tun Sie nie etwas *anstelle* Ihres Kindes, sondern nehmen Sie sich lieber die Zeit, es *gemeinsam* mit ihm zu tun.

Vermeiden Sie die schlechte Angewohnheit, morgens den Fernseher einzuschalten, um Ihr Kind beim Anziehen ruhig zu halten.

Lenken Sie es ab, um die Langeweile erträglicher zu machen, wetteifern Sie mit ihm, nehmen Sie sich die Zeit, um ihm beizubringen, seine täglichen Aufgaben immer schneller zu erledigen. Wetteifer und Erfolge aktivieren Ihr Kind und helfen ihm dabei. Sobald es merkt, dass es die kleinen Alltäglichkeiten leicht und rasch hinter sich bringen kann, wird auch sein Widerstand allmählich etwas schwinden.

Scherzen Sie mit Ihrem Kind, singen Sie mit ihm gegen die Langeweile an und lassen Sie sich nicht kleinkriegen, sondern umgehen

Sie Hindernisse so ungezwungen wie nur möglich. Besorgen Sie lustige Bücher zum Thema Überwindung der Faulheit und denken Sie sich Preise aus, z. B. eine „Auszeichnung für Schnellduscher und Blitzanzieherinnen".

Wenn Ihr Kind etwas größer ist, können Sie ihm einen Korb für Schmutzwäsche ins Zimmer stellen. Schmutzige Kleidung sollten auf keinen Fall Sie wegräumen: Falls Ihr Kind keine saubere Wäsche mehr hat, bleiben Sie hart, bis es lernt, Sie, Ihre Zeiten, Ihren Raum und Ihre Regeln zu respektieren. Sie werden sehen – wenn es die ersten Male sein Lieblings-T-Shirt nicht anziehen kann, wird es zwar lärmen, aber es wird lernen, Sie zu respektieren.

ADHS, VERGESSLICHKEIT UND ACHTLOSIGKEIT

Wissen

Kinder mit ADHS sind unaufmerksam, achtlos, oberflächlich, ungeduldig. Wie bereits erwähnt liegt die Ursache darin, dass sie schnell, impulsiv, überdreht und, angetrieben von ihrer inneren Unruhe, ständig auf der Suche nach neuen Reizen sind.

Eine Folge ihrer Unaufmerksamkeit, Hyperaktivität und Impulsivität ist, dass sie häufig Dinge vergessen oder verlieren. Vermutlich mussten Sie schon das ein oder andere Mal Schulmaterial, z. B. Gummis, Lineale oder Stifte, nachkaufen, weil sie spurlos verschwunden waren. Kinder mit ADHS verlieren immer wieder etwas und haben nicht die leiseste Ahnung, wo es geblieben sein könnte. Immer wieder erzählen Eltern, dass ihr Kind Bücher und Hefte in der Schule verlegt, Sportbekleidung im Umkleideraum liegen lässt, morgens die Jause oder die Sporttasche zu Hause vergisst. Wenn Kinder mit

ADHS größer werden, verlieren sie nicht selten Schlüssel, Fahrkarten und Tickets oder ihren Ausweis. Das Vergessen betrifft hingegen im Schulalter meist Hausaufgaben und später Termine, Verpflichtungen und Vereinbarungen.

Eltern reagieren darauf oft mit Verunsicherung, da sie natürlich davon ausgehen, dass ihr Kind beim Heranwachsen immer selbstständiger wird und auf seine Sachen besser aufzupassen lernt. Hinter der Vergesslichkeit und Achtlosigkeit von Kindern mit ADHS steht keinerlei Absicht. Sie sind weder unverantwortlich noch unreif, sondern schlicht und einfach nicht imstande, *an das Nachher zu denken*, während sie sich voll und ganz auf etwas konzentrieren und im nächsten Moment vielleicht schon etwas völlig anderes zu tun haben (s. Kapitel „ADHS und Zeitmanagement").

Kinder mit ADHS sind weder gern noch willkürlich chaotisch und unordentlich: Ihnen fehlt die Gabe, sich automatisch Strategien zur Bewältigung von Unannehmlichkeiten des unorganisierten Alltags auszudenken. Andererseits habe ich auch viele Erwachsene mit ADHS kennengelernt, die überaus ordentlich und organisiert sind, gerade weil sie besagte Unannehmlichkeiten der fehlenden Organisation nicht mögen.

Ihr Kind ärgert sich mit Sicherheit häufig, wenn es Dinge nicht findet – aber das bedeutet nicht, dass es aus dieser Erfahrung lernen wird. Ein typischer Zug von Kindern mit ADHS ist es nämlich, Fehler fortzuführen, und zwar keineswegs aus Masochismus, sondern aufgrund ihrer Unaufmerksamkeit und Impulsivität.

So nachvollziehbar die Reaktion auch sein mag: Vorwürfe bringen in solchen Fällen wenig oder nichts.

Verstehen

Prüfen wir nun, wie Sie mit dieser Facette Ihres Kindes umgehen.

- Verlieren oder vergessen auch Sie und Ihr Partner/Ihre Partnerin ab und zu etwas?
- Wie reagieren Sie, wenn Sie etwas vergessen oder verlieren? Fällt Ihnen gleich ein, wie Sie dergleichen Vorfälle in Zukunft vermeiden können? Wie sieht es mit Ihrem Partner/Ihrer Partnerin aus?
- Wie reagieren Sie, wenn Ihr Kind in der Schule oder zu Hause etwas verlegt?
- Wie fühlen Sie sich, wenn Ihnen Lehrpersonen mitteilen, Ihr Kind hätte Schulsachen zu Hause vergessen? Ärgern Sie sich über Ihr Kind oder zweifeln Sie an Ihrer erzieherischen Fähigkeit?
- Ist Ihnen stets bewusst, dass Ihr Kind unachtsam ist? Oder schelten Sie es immer wieder für seine Oberflächlichkeit, mangelnde Verantwortung und Respektlosigkeit?
- Neigen Sie dazu, Ihr Kind zu rechtfertigen und halten die Ansprüche seiner Lehrpersonen für zu hoch gesteckt?
- Ist Ihr Haushalt ordentlich, sodass alles leicht zu finden ist? Hat alles seinen Platz und ist bei Bedarf stets zur Hand?

Handeln

Ihr Kind ist einfach so – wunderbar „drunter und drüber". Verzichten Sie auf Predigten, Tadel und Streit und versuchen Sie stattdessen, zu seinem Assistenten, seiner Sekretärin zu werden. Sie sollten niemals einfach seine Arbeiten übernehmen, und vor allem sollten Sie als Mutter niemals zum Zimmermädchen werden. Ihr Kind braucht aber eine Stütze und jemanden, der es im Auge behält.

Wie wir bereits mehrmals gesehen haben, kann das natürlich bedeuten, dass Sie Ihren Alltag noch strenger organisieren müssen. Beginnen Sie bei sich selbst: Sie müssen unweigerlich morgens prüfen, ob alles für den Tag vorbereitet und zur Hand ist, bevor Sie das Haus verlassen.

Machen Sie sich das Leben so einfach wie möglich. Organisieren Sie Ihren Haushalt mit Notizen, Merkzetteln, Ablagen und Behältern, wo abends alles abgelegt werden kann und am nächsten Morgen leicht und ohne Drama auffindbar ist.

Packen Sie niemals statt Ihrem Kind die Schultasche, sondern erledigen Sie das abends gemeinsam. Der Stundenplan sollte stets gut sichtbar sein: Wenn Sie ihn am Kühlschrank oder am Schreibtisch aufhängen, hilft Ihnen das bei der Organisation der Aufgaben und beim Einpacken.

Legen Sie alle Schulsachen ordentlich und nach Fächern getrennt auf Regalen aus.

Erstellen Sie eine Liste aller notwendigen Sachen für jedes Fach, gegebenenfalls auch mit Fotos der erforderlichen Bücher und Hefte.

Lassen Sie Ihr Kind jeden Abend in Ihrem Beisein seine Schultasche vollständig ausräumen (und von Papierstücken, Zetteln und Lebensmittelresten säubern), die Schulsachen aufs Regal legen und die Tasche mithilfe des Stundenplans für den nächsten Tag packen und herrichten. In zehn Minuten sollte alles leicht erledigt sein. Machen Sie diese Zeit mit etwas Musik zu einem angenehmen Moment zu zweit, ganz ohne Streit und Tadel, und betrachten Sie sie als Training: Zehn Minuten Ordnungstraining pro Tag!

Sie fragen sich an dieser Stelle vermutlich, bis zu welchem Alter Sie diese Strategie anwenden sollen. Die Antwort ist einfach: so lange wie nötig! Ihr Kind braucht möglicherweise etwas länger, um seine Vergesslichkeit und Achtlosigkeit in den Griff zu bekommen, daher ist Geduld angebracht.

Für Kleiderschrank und Spielzeugkiste gilt dasselbe wie für die Schultasche. Kinder mit ADHS leben gerne in der Unordnung, reagieren aber höchst irritiert, wenn sie ihre Sachen nicht finden. Sie können aus Ihrem Kind vielleicht kein Vorzeigebeispiel machen, aber sie können ihm helfen, sich besser zu organisieren. Dazu braucht es allerdings eine gewisse Flexibilität: Wenn nötig, soll es auch einmal chaotisch und kreativ sein dürfen – wichtig ist, dass Sie vor dem Schlafengehen gemeinsam und entspannt wieder alles aufräumen.

ADHS UND SCHULE

Wissen

Das Thema Schule dürfte wohl alle Leserinnen und Leser dieses Buches interessieren: Ihr Kind hätte vermutlich keine ADHS-Diagnose bekommen, wenn es nicht Probleme in der Schule hätte (wenngleich es auch Kinder mit ADHS gibt, die keinerlei schulische Schwierigkeiten und daher auch keine Diagnose bekommen haben: In diesem Falls spricht man von hochfunktionalen Kindern mit ADHS ohne funktionelle Beeinträchtigung).

In diesem Kapitel geht es um Grundschulkinder. Im Laufe meiner Arbeit als Ärztin habe ich noch nie ein Kind mit ADHS kennengelernt, das keinerlei Schwierigkeiten in der Schule hatte.

Die Schule ist für Kinder mit ADHS ein interessanter Ort, an dem sie Kontakte knüpfen und Neues lernen können – aber allzu oft dauert sie zu lange, wird rasch langweilig, zu anspruchsvoll und einengend. **In der Schule gibt es zu viele Regeln, und Kinder mit ADHS fallen** durch ihre mangelnde Anpassungsfähigkeit **sofort auf.** Der Schulalltag bringt Zurechtweisungen, Verweise, Eintragungen und den Vergleich mit anderen Kindern auf Gebieten, in denen Kinder mit ADHS häufig nicht glänzen: Schönschrift, Ordnung auf der Schulbank und saubere Hefte, Ruhe in der Klasse und korrekte Erledigung der Hausaufgaben. Kinder mit ADHS mögen Vergleiche und Konfrontationen nicht, bzw. mögen keine Situationen, aus denen sie nicht als absolute Sieger hervorgehen. Allgemein interessiert sie schulischer Wettbewerb kaum, wenngleich sie Erfolge in der Schule sehr wohl zu schätzen wissen. Tatsache ist allerdings, dass intensives Lernen, Aufmerksamkeit und pünktliche Abgabe ihrer Aufgaben nicht in ihrer Natur liegen, sondern für sie vielmehr langweilig und reizlos sind und keinerlei Adrenalinschub bieten. Der Großteil aller Kinder mit ADHS hat bereits ab den ersten Grundschuljahren Schwierigkeiten, was Verhalten und Leistung betrifft.

Es kommt äußerst selten vor, dass ein Kind bereits mit ADHS-Diagnose eingeschult wird. Meist melden die Lehrkräfte nach den ersten Schulmonaten, dass es unruhig ist, unerlaubt aufsteht, oft austritt, mit den Schulsachen auf der Bank spielt, nicht zuhört, seine Aufgaben nicht abschließt, schwätzt, stört und sich in den Pausen manchmal streitet.

Manchmal nehmen Eltern solche Aussagen schlecht auf und behaupten, ihr Kind verhalte sich zu Hause völlig normal und unterstellen der Schule Unfähigkeit im Umgang mit der Situation. Ein schlechter Start, auf den meist gegenseitige Anschuldigungen, Eintragungen, Strafen und unerledigte Schularbeiten folgen – so werden wertvolle Monate vergeudet.

Dann wieder gibt es Fälle, in denen die Eltern ob der Meldungen aus der Schule dermaßen besorgt sind, dass sie übertriebenes Aufhebens darum machen: Sie fragen sich, weshalb das Kind Schwierigkeiten haben mag, ob sie schlechte Eltern sind, ob das Lehrpersonal die Familie für problematisch hält. Auch diese Reaktion ist alles andere als gut, denn die Sorge der Eltern überträgt sich unweigerlich auf das Kind, das wiederum merkt, wie nervös und irritiert sie sind.

Ab und zu sind es auch die Eltern von Mitschülerinnen und Mitschülern, die sich bei den Eltern eines Kindes mit ADHS über dessen Verhalten beklagen.

So wird Schule zum Albtraum für Eltern und Kind. Es gilt, umgehend Maßnahmen zu setzen: Die Schullaufbahn zieht sich über mindestens zehn oder, je nach dem eingeschlagenen Bildungsweg, hoffentlich elf bis dreizehn Jahre. Jedes Schuljahr wird anders sein, da das Kind sich entwickelt, Lehrpersonen kommen und gehen und weil Sie selbst mal mehr und mal weniger Zeit haben, sich dem „Problem Schule" zu widmen. Sie fragen sich, weshalb so viele Kinder mit ADHS sich in der Schule verändern und dysfunktional werden? Den Unterschied macht die Gruppe: In der Klasse gibt es unzählige Reize, Verbindungen, Beziehungen und Reaktionen, und die Kinder lassen sich leichter ablenken und irritieren. Hinzu kommt, dass das Stillsitzen eben dort viel schwieriger ist, wo es verlangt wird.

Schule ist also eine Kernfrage für das Thema ADHS. Damit Kinder mit ADHS möglichst unbeschwert heranwachsen können und eine Arbeit erlernen können, die ihnen Freude bereitet und ihrem Wesen entspricht, müssen die Probleme in der Schule auf ein Minimum reduziert werden.

Sofern Sie Ihr Kind nicht allein erziehen, sollten sich beide Eltern gemeinsam um das Thema Schule kümmern. Dies ist wichtig, da es auch zu verstehen gilt, welche Gefühle in Ihnen hochkommen, wenn Lehrkräfte die Schwierigkeiten Ihres Kindes in der Schule ansprechen.

Auch Sie sind zur Schule gegangen: Wenn Ihre Schulzeit problematisch war, versetzen Sie sich möglicherweise zu sehr in die Schwierigkeiten Ihres Kindes hinein, und dies könnte zu Kommunikationsschwierigkeiten oder sogar Rivalität mit den Lehrkräften führen. Wenn Sie eine Musterschülerin oder ein Musterschüler waren, könnten die Verhaltens- oder Lernschwierigkeiten Ihres Kindes in der Schule ein Schock für Sie sein.

Es passiert häufig, dass Eltern erst beim Parent Training erfahren, wie das Verhältnis ihrer Partnerin oder ihres Partners zur Schule war. Wenn sie etwas davon in ihrem Kind wiedererkennen, kann dies zu Spannungen und Vorwürfen führen, weil diese Tatsache nicht früher zur Sprache gekommen ist.

Verstehen

Versuchen Sie sich zu erinnern, ob Sie in der Schule je Verhaltens- oder Lernschwierigkeiten hatten. Falls ja, stellen Sie sich folgende Fragen:

- Wie fühlten Sie sich, als Sie zurechtgewiesen wurden?
- Was gefiel Ihnen an der Schule?
- Was fanden Sie langweilig?
- Wann fiel Ihnen das Lernen leicht?
- Wie reagierten Sie auf schlechte Noten? Wie reagierten Ihre Eltern?
- Wie reagieren Sie auf schlechte Noten Ihres Kindes?
- Gehen Sie das Thema Schule mit Ihrem Kind unbeschwert an?
- Ärgern Sie sich über das Lernverhalten Ihres Kindes?
- Ist die Schule Ihres Kindes zum Albtraum *für Sie* geworden?

Handeln

Gehen Sie für Ihr Kind nicht sofort auf die Barrikaden, sondern hören Sie sich an, was die Lehrkräfte zu sagen haben: Hatten Sie so etwas vielleicht erwartet?

- **Falls die Antwort „Ja" lautet:** Wenden Sie sich an eine ADHS-Fachkraft und lassen Sie Ihr Kind untersuchen. Beginnen Sie unterdessen schon, die Tipps und Anweisungen aus diesem Buch anzuwenden. Werden Sie nicht laut, schimpfen Sie nicht, lassen Sie sich nicht den Schlaf rauben. Versuchen Sie vielmehr zu verstehen, wo Sie ansetzen könnten: Wenn die Lehrkräfte auf Verhaltensprobleme hinweisen, sollten Sie Ordnung in Ihr Alltagsleben bringen, mehr Sport für Ihr Kind einplanen, extreme Reizfaktoren reduzieren, Ihr Kind abends früher zu Bett bringen und morgens sanft wecken, seine Launen einfach ignorieren, ihm Vertrauen schenken, es auf die Verhaltensregeln in der Schule hinweisen und etwaige diesbezüglichen Mitteilungen ruhig und ohne Tadel zur Kenntnis nehmen.
- **Falls die Antwort „Nein" lautet:** Halten Sie inne und beobachten Sie Ihr Kind genau. War die Erziehung bisher unproblematisch, oder hatten auch Sie selbst ähnliche Schwierigkeiten? Wenn Kinder zu Hause nicht hyperaktiv oder impulsiv sind, könnten Schwierigkeiten in der Schule vor allem auf ihre ausgeprägte Unaufmerksamkeit zurückzuführen sein.
  Falls sich Ihr Kind weder zu Hause noch im Kindergarten je problematisch verhalten hat, sollten Sie sich Zeit nehmen und ebenso Ihrem Kind die Zeit geben, sich an die neue Situation zu gewöhnen. Behalten Sie es im Auge, helfen Sie ihm dabei, sich so gut wie möglich zu organisieren, geben Sie den Lehrkräften zu verstehen, dass Sie sich um alles kümmern werden, und tauschen Sie sich monatlich mit Ihnen aus. Falls sich die

Situation nach drei Monaten nicht bessert, suchen Sie bei Sachverständigen Rat und lassen Sie neuropsychologische Tests vornehmen, um die kognitive Funktionsweise Ihres Kindes verstehen zu lernen und ihm besser helfen zu können.

Falls Sie bereits ahnten, dass Ihr Kind Schwierigkeiten in Schule haben könnte, sollten Sie die Schule nicht zu Unrecht beschuldigen. Die Erziehung findet in der Schule und in der Familie gleichermaßen statt – Konflikte sind also nicht zielführend. Fragen Sie sich, ob Sie im besten Interesse Ihres Kindes handeln, ob Sie es ausreichend auf die Schule vorbereitet und dieser wichtigen Übergangsphase das richtige Gewicht beigemessen haben.

Falls Ihr Kind in der Schule dieselben Probleme hat wie Sie selbst, sollten Sie nicht nach Rechtfertigungen suchen. Falls Ihre Schulzeit hingegen ruhig und problemlos verlief, Ihr Kind aber Schwierigkeiten hat, sollten Sie es keinesfalls verurteilen.

ADHS UND AUFGABEN

Wissen

In meiner Laufbahn als Ärztin bin ich noch nie einem Kind mit ADHS begegnet, das keine Schwierigkeiten mit Schulaufgaben hatte. Eltern, die sich an mich wenden, berichten von nervenaufreibenden Verhandlungen und täglichem Streit, um Ihre Kinder dazu zu überreden, ihre Aufgaben zu erledigen.

Weshalb aber haben Kinder mit ADHS eine solche Abneigung gegen Aufgaben? Und trifft dies nur für Kinder zu, die die Schule hassen? Die Antwort lautet: Nein. **Nicht die Schule ist das Problem, sondern die Hausaufgaben.** Typischerweise haben auch Kinder, die ziemlich gerne zur Schule gehen, eine regelrechte Abscheu vor dem Lernen zu

Hause, da es für sie keinerlei Sinn ergibt. Von Kindern höre ich oft: „Ich bin den ganzen Vormittag und manchmal auch nachmittags in der Schule: Warum muss ich dann noch Aufgaben machen? Was hat das für einen Sinn?“ Aus ihrer Sicht ist der Gedankengang zugegebenermaßen schlüssig. Wenn von ihnen verlangt wird, dass sie – vor allem im Vergleich zu der Zeit, die sie für Spiel und Vergnügen zur Verfügung haben – über lange Zeiträume aufmerksam sind, stillsitzen, zuhören und folgen, ist es für sie geradezu niederschmetternd, wenn sie am Wochenende noch Aufgaben machen müssen.

Hausaufgaben – ganz gleich, ob einfach oder komplex – sind langweilig, zeitaufwändig, eine Pflicht. Selbstverständlich ist die Lage noch ernster, wenn mit der ADHS noch Lernstörungen wie etwa Dyslexie, Legasthenie oder Dyskalkulie einhergehen, wie es in 30–40 Prozent aller Fälle vorkommt. Häufig haben Kinder mit ADHS auch grafomotorische Schwierigkeiten und somit ein unordentliches Schriftbild, schreiben falsch von der Tafel ab, und es fällt ihnen schwer, Zahlen ordentlich aufzureihen bzw. das Blatt einzuteilen.

Aus Erfahrung weiß ich, dass Hausaugaben für die Eltern von Kindern mit ADHS ein Dilemma sind: Einerseits sind sie ein echter Albtraum, und es besteht die Versuchung, aus Erschöpfung einfach alles sein zu lassen. Andererseits haben sie auch Sorge, dass ihr Kind nicht genügend lernt, im Vergleich zum Rest der Klasse zurückbleibt, in der Schule schlecht ist und dass die Lehrkräfte die Schuld dafür den Eltern geben könnten.

Verstehen

Werfen wir einen Blick auf die Aufgabenzeit an Nachmittagen und Wochenenden.

- Sind Aufgaben eine Belastung oder gar ein Albtraum?

- Widersetzt sich Ihr Kind, wenn Sie es auffordern, seine Aufgaben zu erledigen?
- Verlieren Sie schnell die Geduld, wenn Sie sich dazusetzen?
- Werden Sie oder Ihr Kind beim Aufgabenmachen laut?
- Sind Sie in ständiger Sorge, weil Sie fürchten, Ihr Kind könnte die nötigen Unterlagen nicht dabeihaben oder seine Aufgaben nicht notiert haben?
- Wie wichtig ist es für Sie, dass die Aufgaben korrekt erledigt werden?
- Kommt es vor, dass Sie Ihrem Kind erst vor dem Schlafengehen bei den Aufgaben helfen, da es sich bis dahin geweigert hat, aber im letzten Moment verzweifelt, weil es nicht ohne Aufgaben in die Schule gehen will?

Handeln

Falls die Hausaufgaben Ihres Kindes für Sie bereits zum Albtraum geworden sind, sollten Sie umgehend mit den zuständigen Lehrpersonen sprechen. Ihr Ziel ist nicht, dass Ihr Kind seine Aufgaben erledigt, sondern dass es keine Abneigung oder sogar Hass auf die Schule entwickelt. Die schulische Laufbahn zieht sich über Jahre hin, und Ihr Kind soll imstande sein, sie auch abzuschließen – ganz gleich, ob es sich für einen Oberschulabschluss mit Reifeprüfung oder eine Ausbildung an einer Berufsschule entscheidet.

Hier einige Anregungen:

- Verlangen Sie von Ihrem Kind nicht, seine Aufgaben gleich nach der Schule zu erledigen, sondern geben Sie ihm genügend Zeit zum Entspannen und um beim Lieblingsspiel Kraft zu tanken.
- Wenn Sie die Aufgaben gemeinsam machen, organisieren Sie alles gut durch und wappnen Sie sich mit viel Geduld: Kontrol-

lieren Sie im Vorfeld, was zu tun ist, erstellen Sie eine Prioritätenliste und beginnen Sie mit einer einfachen Aufgabe.

- Nehmen Sie sich eine Stunde Zeit. Setzen Sie sich und warten Sie darauf, dass Ihr Kind seine Chance nutzt. Tun Sie in dieser Zeit nichts anderes (weder telefonieren, noch chatten – lehnen Sie sich einfach zurück und warten Sie). Wenn Ihr Kind nach einer Stunde seine Aufgaben nicht gemacht hat, schreiben Sie eine Mitteilung für die zuständige Lehrperson. Lassen Sie Ihr Kind die Konsequenzen tragen.
- Planen Sie alle 15–20 Minuten eine kurze Pause ein (fünf Minuten), damit Ihr Kind aufstehen und sich die Beine vertreten kann.
- Planen Sie an Wochenenden nicht mehr als etwa eine Stunde, maximal eineinhalb Stunden an Aufgabenzeit pro Tag ein: Wenn mehr Zeit nötig ist, sollten Sie sich mit den Lehrkräften besprechen.
- Bereiten Sie für mündliche Übungen Diagramme vor, verwenden Sie sogenannte Begriffslandschaften oder Concept Maps oder nutzen Sie Lernvideos.
- Nach getaner Arbeit muss es stets eine Belohnung geben. Es kann durchaus hilfreich sein, wenn Ihr Kind bereits vorher weiß, was es später bekommt: Wissen, wofür man arbeitet, ist ein Ansporn – und für Kinder mit ADHS muss sich jede Mühe lohnen.
- Lassen Sie sich nicht beeindrucken, wenn im letzten Augenblick Tränen fließen, weil Ihr Kind seine Aufgaben nicht gemacht hat.
- Wenn Aufgaben nach all diesen Maßnahmen noch immer ein Albtraum sind, sollten Sie unbedingt jemand anderen bitten, sie mit Ihrem Kind zu erledigen.

- Lassen Sie sich von Aufgaben nicht das Leben zur Hölle machen, und lassen Sie vor allem nicht zu, dass Hausaufgaben die Beziehung zu Ihrem Kind zunichtemachen.

ADHS UND SOZIALLEBEN

Wissen

In der Regel sind Kinder mit ADHS fröhlich, enthusiastisch, lebhaft und sehr „sozial“. Sie stecken voller Tatendrang und sind jederzeit bereit für neue Abenteuer. Als Erwachsene sind sie oft gut darin, andere Menschen zu motivieren.

Meist sind sie offen und gliedern sich leicht in Spiel- und Arbeitsgruppen ein. Andere Kulturen und Sprachen interessieren sie, und mit ein bisschen Talent erlernen sie Fremdsprachen ohne größere Schwierigkeiten (obgleich sie den Sprachunterricht in der Schule vielleicht nicht mögen). Manchmal habe ich den Eindruck, sie teilen sich diese Eigenheit mit den sogenannten „hyper-verbalen“ Kindern, die viel und schnell sprechen.

Welches Verhältnis haben Kinder mit ADHS zu Freundschaft?

Zuallererst muss man sagen, dass unterschiedliche Altersgruppen unterschiedliche Auffassungen von Freundschaft haben: Für ein Kind sind Freundinnen und Freunde andere Kinder, mit denen es gut spielen kann, während Freunde für uns Erwachsene jene Menschen sind, die uns gut kennen, uns verstehen, uns helfen, verteidigen und schützen.

Kinder mit ADHS sind meist gerne in Gesellschaft, spielen und unterhalten sich gerne mit anderen und schätzen gemeinsame Unternehmungen. Sie neigen nicht zu Einzelfreundschaften, aber besonders gute Freundschaften können durchaus exklusiv sein: Auch die beste Freundin oder der beste Freund kann zum Spezialinteresse werden.

Kinder mit ADHS sind nicht selten Anführer, sympathisch, unternehmungslustig, motivierend, energiegeladen und lebhaft. Allerdings behandeln sie Freundinnen und Freunde auch oft wie Spielzeug: Nach dem anfänglichen Hochgefühl verlieren sie rasch das Interesse. Sie verstehen nicht, dass Freundschaften anders funktionieren als Spiele – allerdings nicht, weil sie böse oder oberflächlich sind, sondern weil sie sich ausschließlich auf sich selbst und nicht auf die Bedürfnisse anderer konzentrieren, wenn sie genervt, gelangweilt oder gereizt (d. h., emotional dysreguliert) sind. Kinder mit ADHS streiten oft mit ihren Freundinnen und Freunden – aber sie haben eine wunderbare Eigenschaft: Ihr Ärger verfliegt ebenso schnell, wie er aufgekommen ist.

Häufig sind Eltern beunruhigt, wenn ihr Kind mit ADHS keine Freundschaften schließt, doch meines Erachtens besteht kein Anlass zur Sorge: Wichtig ist, dass das Kind ein Sozialleben hat und sich mit Gleichaltrigen abgibt.

Der springende Punkt ist, dass Kinder mit ADHS hyperaktiv, übermäßig lebhaft, über beide Ohren im Wetteifer gefangen, leicht reizbar und nicht besonders frustrationstolerant sein können, was verständlicherweise zu Problemen im Sozialleben führen kann. Viele von ihnen haben Schwierigkeiten im Umgang mit Gleichaltrigen, sei es nun in der Schule, beim Spielen oder bei Ausflügen, sei es beim Freizeitsport oder in der Jungschar. Wir müssen uns stets vor Augen halten, dass **Kinder mit ADHS sich nur schwer in andere Menschen hineinversetzen können, da sie eben anders „funktionieren"** bzw. ihr Gehirn anders arbeitet. Es kann daher vorkommen, dass sie im Eifer des Gefechts nicht merken, wie unangebracht ihr

Verhalten ist. Wenn sich Kinder mit ADHS begeistern und aufgeregt sind, werden sie oft „hitzig“, sind laut, reißen das Gespräch an sich und schreien manchmal auch: Dem Rest der Gruppe missfällt dies auf Dauer, aber ihnen selbst fällt es nicht auf. Sie lieben es, mit anderen Menschen zu interagieren, weshalb ihre sozialen Kompetenzen einerseits ausgezeichnet sind, andererseits aber auch schwer zu wünschen übrig lassen, weil Kinder mit ADHS nicht in der Lage sind zu erkennen, dass ihr ungestümes und überschwängliches Verhalten andere häufig stört. Der Grund dafür liegt wie immer in ihrer mangelnden Fähigkeit zur Selbstregulierung und Selbstkontrolle.

Die Situation kann besonders problematisch werden, wenn die Kinder oppositionelle Verhaltensweisen als Begleiterkrankung aufweisen: In diesem Fall besteht ein erhöhtes Risiko von Verhaltensproblemen bzw. regelrechten Verhaltensstörungen beim Heranwachsen. Betroffene Jugendliche suchen möglicherweise die Gesellschaft dysfunktionaler, „grenzwertiger“, wütender, übergriffiger und schlichtweg problematischer Gleichaltriger.

Kinder mit ADHS mit einer funktionalen Beeinträchtigung des Soziallebens leben mit einer besonders schweren Störung.

Verstehen

Das Sozialleben von Kindern ändert sich selbstverständlich je nach Alter. Bis zu neun Jahren sind sie noch zu unreif, um echte Freundschaften zu knüpfen, daher sind andere Kinder für sie lediglich Spielgefährtinnen und Spielgefährten.

Achten Sie besonders auf alles, was Ihnen die Lehrpersonen zum Verhalten Ihres Kindes unter Gleichaltrigen berichten. Nehmen Sie es nicht persönlich, wenn es heißt, Ihr Kind will ständig im Mittelpunkt stehen und das Sagen haben bzw. dass es sich ärgert, beleidigt ist oder sogar handgreiflich wird, wenn es seinen Willen nicht bekommt. Es ist völlig normal, dass Ihnen manche Probleme entgehen, die den Lehrpersonen hingegen auffallen: Meist handelt es sich um Verhaltensweisen, die ein Kind nur unter Gleichaltrigen zeigt.

Handeln

Es gilt zu vermeiden, dass sich Ihr Kind mit ADHS zu Hause abkapselt – vor allem nicht am Fernseher oder an elektronischen Geräten.

Geben Sie nicht auf, wenn Ihr Kind sich unter Gleichaltrigen unangemessen verhält und bereits negative Erfahrungen in Sport- oder Spielgruppen gemacht haben sollte. Erklären Sie stattdessen den Coaches oder Ausbildenden, dass Ihr Kind besonderen Erziehungsbedarf hat, schildern Sie ihnen die Schwierigkeiten, die Ihr Kind in der Regel bei der sozialen Interaktion an den Tag legt und versuchen Sie festzustellen, ob Ihre Ansprechperson bereit und vor allem fähig ist, mit der Situation richtig umzugehen. Andernfalls sollten Sie sich nach Alternativen umsehen: Es gibt viele Menschen, die selbst ohne entsprechende Ausbildung bestens mit Kindern mit ADHS zurechtkommen. Laden Sie regelmäßig Freunde oder Freundinnen Ihres Kindes nach Hause ein, allerdings nie mehr als eine oder einen, um mögliche Schwierigkeiten mit der Gruppendynamik zu vermeiden. Videospiele sollten dabei nicht erlaubt sein. Behalten Sie die Kinder diskret im Auge: Lassen Sie sie allein spielen, aber greifen Sie ein, wenn dicke Luft aufkommt. In diesem Fall übernehmen Sie und schlagen ein Spiel vor, an dem auch Sie sich beteiligen (im Freien oder im Garten ein Bewegungsspiel, im Haus ein Tischspiel).

Um Ihr Kind nicht in Schwierigkeiten zu bringen, gilt es Situationen zu unterbinden, in denen es nicht verstanden wird: Vielmehr sollten Sie ihm stets den Weg bereiten und ihm vor allem vor Gruppenaktivitäten die wichtigsten Verhaltensregeln in Erinnerung rufen.

Loben Sie Ihr Kind und sagen Sie Ihm, dass Sie stolz auf es sind, wenn das Treffen ohne „Vorfälle“ abläuft. Falls nicht, sollten Sie Aussagen wie „Kannst du dich denn nie benehmen?“, „Wie peinlich, dabei hattest du mir doch versprochen, dich zusammenzureißen“ oder dergleichen auf jeden Fall vermeiden.

ADHS UND SPORT

Wissen

Sport ist für Kinder mit ADHS ungeheuer wichtig. Vor allem für jene, die bereits von klein auf besonders lebhaft und hyperaktiv sind, ist Bewegung ein echtes Vergnügen und bringt Begeisterung, Freude, Erfüllung und Kurzweil. Vielfach wirkt Sport auch beruhigend, und die Kinder sind weniger aufgeregt und zappelig. Für manche Kinder mit ADHS ist er sogar unverzichtbar: Ohne Sport gehen sie ein.

Kindern mit ADHS fallen Sport und Bewegungsspiele meist leicht, da sie von Natur aus geschickt, schnell und einsatzfreudig sind – eine Tatsache, die nicht nur ihren körperlichen Fähigkeiten, sondern auch ihrer Impulsivität zu verdanken ist. Da sie keine Angst haben und kaum an etwaige Konsequenzen denken, sind sie mutig und manchmal sogar regelrecht draufgängerisch (nicht selten verletzen sie sich, sind aber meist rasch wieder auf den Beinen, ohne sich groß zu beklagen). Es ist kein Zufall, dass viele Kinder mit ADHS eine Vorliebe für schnelle und energiegeladene Sportarten wie Hockey, Skifahren, Snowboarden, Rugby, Radfahren, Fußball und Skateboarden haben.

Häufig langweilen sich ausgezeichnete Sportlerinnen und Sportler mit ADHS in der Schule ganz besonders, da sie dort die Aufregung vermissen, die ihnen ansonsten nur der Sport bietet. Gute Noten oder kognitive Übungen sind für uns alle kein Adrenalin-Kick. Auch ich selbst hatte in der Schule immer sehr gute Noten, aber der schulische Erfolg bescherte mir nie dieselbe Euphorie wie jener im Sport. Beim Sport schüttet das Hirn Endorphine, sogenannte Genussmoleküle, aus, und wie wir gesehen haben, wird der Genuss bei Kindern mit ADHS leicht zur Sucht.

Das Motto „mens sana in corpore sano" trifft bei Kindern mit ADHS so gut zu wie sonst kaum: Je mehr sie sich körperlich auspowern, desto weniger nervös sind sie. **Sport ist ein ausgezeichneter Verbündeter bei Erziehung und Management von Kindern mit ADHS und sollte daher ein Kernelement ihrer Freizeit sein.** Allerdings stellen sich hier gleich zwei Fragen: Wie lassen sich Sport und Schule bestmöglich verbinden? Und wie findet man heraus, welche Sportart die beste für ein Kind ist? Leider sind viele Kinder mit ADHS aufgrund ihrer Impulsivität und ihrer mangelnden Fähigkeit, mit Misserfolgen umzugehen, schlicht nicht für Teamsportarten geschaffen. Sie können sich nicht an die Spielregeln oder an die Anweisungen ihrer Coaches halten, ertragen keine Niederlagen und ärgern sich über weniger fähige Teammitglieder. In solchen Fällen sind Einzelsportarten vorzuziehen.

Allerdings gibt es auch Kinder mit ADHS, etwa jene mit unaufmerksamem Subtyp, die sportlich nicht besonders begabt sind, sondern etwas unbeholfen wirken. Aber auch für solche Kinder ist körperliche Betätigung von grundlegender Bedeutung, da sie das Selbstbewusstsein stärkt und ihnen hilft, mit den unvermeidlichen, durch ihre schlechte Organisation und Unaufmerksamkeit bedingten Problemen in der Schule umzugehen. Schulische Schwierigkeiten beeinträchtigen unweigerlich das Selbstwertgefühl, daher ist die Selbstsicherheit, die Sport beschert, besonders wichtig.

Verstehen

Welchen Stellenwert nimmt Sport in Ihrem Alltag ein?

- Falls Sie unsportlich sind, versuchen Sie sich an Ihre Kindheit zurückzuerinnern. Vermutlich sind Sie nach der Pubertät oder nach der Oberschulzeit bewegungsfaul geworden.
- Denken Sie daran, dass Kinder täglich Bewegung brauchen. Meist macht es sie schon glücklich, wenn sie frei herumlaufen dürfen.
- Erkundigen Sie sich bei den Lehrpersonen, wie die Pausen organisiert sind und ob die Kinder frei im Pausenhof spielen dürfen.

Handeln

Ermutigen Sie Ihr Kind, verschiedene Sportarten auszuprobieren: Es gibt so viele davon, und es ist unmöglich im Voraus zu wissen, welche die beste ist.

Planen Sie die Woche so, dass Ihr Kind sich nach der Schule jeden Tag mindestens eine Stunde lang auspowern kann.

Weder Sie noch Ihr Kind dürfen sich Faulheit leisten: Ihr Kind *muss* sich für sein psychisches Wohlbefinden regelmäßig bewegen. Informieren Sie die Trainerin oder den Trainer über die Eigenheiten Ihres Kindes und arbeiten Sie ausschließlich mit Menschen, die die Situation verstehen, sich durchsetzen können, ohne autoritär zu sein und mit lebhaften Kindern umgehen können, ohne sie zu bestrafen.

Trainingsverbot sollte niemals als Strafe eingesetzt werden, etwa für schlechte Noten oder wenn Ihr Kind seine Hausaufgaben nicht gemacht hat: Ich versichere Ihnen, dass dies – um beim Thema zu bleiben – ein regelrechtes Eigentor wäre.

ADHS UND GESCHWISTER

Wissen

Kommen wir nun zum Thema Geschwister. Als Schwester oder als Bruder eines Kindes mit ADHS hat man es nicht einfach: Die Gründe dafür versuche ich in diesem Kapitel zu analysieren.

Zunächst sind die Eltern von Kindern mit ADHS häufig überfordert. Bevor sie professionelle Hilfe holen oder wenn sie von den Sachverständigen, die eine entsprechende Diagnose gestellt haben, nicht ausreichend unterwiesen oder unterstützt werden, ist ihnen häufig nicht bewusst, dass ihr Kind besonderen Erziehungsbedarf hat. Indes häufen sich die Probleme und Schwierigkeiten im Alltag und nähren die Sorge um das Kind, die Nerven liegen blank und es herrscht dicke Luft im Haus – und das geht selbstverständlich nicht spurlos an den Geschwistern vorüber. Kinder mit ADHS kosten Zeit, Energie und vor allem Geduld, und zwar unweigerlich zum Nachteil der Geschwister und der gesamten Familie.

Die schwierigsten Situationen zu Hause sind, wie wir bereits gesehen haben, Aufgabenzeit, Mahlzeiten, das Zubettgehen, das Abschalten elektronischer Geräte und Bildschirme und das morgendliche Aufstehen. Kritische Situationen mit den Geschwistern betreffen meist die Wahl des Fernsehprogramms, das gemeinsame Spielen und Geburtstage der Geschwister, die für Kinder mit ADHS zugleich ein freudiges Ereignis (es wird gefeiert), aber gleichzeitig enorm frustrierend sind (es stehen andere Menschen im Mittelpunkt) – vor allem, wenn Geschenke verteilt werden.

Da Kinder mit ADHS „hyper-verbal" sind, lassen sie ihre Geschwister vor allem bei Tisch oft nicht zu Wort kommen. Sie sind schnell und ungeduldig und ärgern sich nicht selten über Geschwister, die sie als überaus langsam empfinden – im schlimmsten Fall verspotten sie sie sogar, weil sie anders sind als sie selbst.

Wir haben allerdings auch angesprochen, dass viele Kinder mit ADHS eine emotionale Dysregulation aufweisen, die sich häufig als Eifersucht ihren Geschwistern gegenüber äußert: Sie hänseln gerne ihre jüngeren Geschwister und empfinden Freude daran, wenn diese sich auf ihre Provokationen einlassen.

Die Geschwister von Kindern mit ADHS finden deren Energie, Unternehmungslust, Führungsdrang, Mut, Ideenreichtum und Begeisterung nicht selten faszinierend. **Meist sind die Schwierigkeiten der Eltern im Umgang mit der Situation für die Geschwister viel belastender als die Schwester oder der Bruder mit ADHS selbst.**

In manchen Familien gibt es mehr als ein Kind mit ADHS oder mehrere Kinder mit unterschiedlichen Störungen der neuronalen Entwicklung. Dies kann vorkommen, da Störungen der neuronalen Entwicklung wie bereits erwähnt eine nicht zu vernachlässigende genetische Komponente haben.

Verstehen

Denken Sie über die Beziehung nach, die Ihr Kind mit ADHS zu seinen Geschwistern hat.

- Streitet es häufig mit seinen Geschwistern, ist es aufdringlich und wird leicht handgreiflich?
- Stichelt und provoziert es seine Geschwister häufig und bringt sie damit zum Weinen?
- Teilt es seine Spiele mit den Geschwistern?
- Besteht es darauf, mit den Spielen seiner Geschwister zu spielen?

- Respektiert es die Zeiten und den persönlichen Raum seiner Geschwister?

Handeln

Vermeiden Sie es zunächst unbedingt, Ihre Kinder miteinander zu vergleichen. Jedes Kind ist einzigartig, und jeder Vergleich führt zu Rivalitäten, Eifersucht und Neid.

Nehmen Sie sich die nötige Zeit, um sich jedem Ihrer Kinder einzeln zu widmen: 20 Minuten reichen aus, um jedem von ihnen das Gefühl zu geben, etwas Besonderes zu sein. Im Gegenzug fällt es Ihren Kindern leichter, sich Ihnen gegenüber zu öffnen. Jedes Kind hat das Recht darauf, einmal „Einzelkind" zu sein.

Achten Sie besonders darauf, dass Ihre Kinder nicht um Ihre Gunst, Zuneigung, Bewunderung oder Wertschätzung rivalisieren.

Treffen Sie niemals drastische Entscheidungen wie etwa, Ihre Kinder voneinander zu trennen, um sie besser unter Kontrolle zu halten. Ich weiß, es kann mühsam sein – aber versuchen Sie sie gemeinsam zu beschäftigen und spielen Sie gegebenenfalls einfach mit. Es ist unmöglich, dass Geschwister jederzeit harmonieren: Jedes einzelne von ihnen ist anders, und Sie müssen diese Einzigartigkeit respektieren.

Teilen Sie ihre Spiele nach Eigenschaften und Interessen auf: Legen Sie sie in verschiedenfarbigen oder entsprechend markierten Kisten ab. Wenn Sie genügend Raum in Ihrem Zuhause haben, sollte jedes Kind ein eigenes Zimmer haben – oder zumindest eine ganz eigene Ecke im gemeinsamen Zimmer.

Lassen Sie sich von den Streitereien unter den Geschwistern nicht beeinflussen und bestrafen Sie nicht immer das Kind mit ADHS, „weil man schließlich weiß, wer am frechsten ist". Helfen Sie ihm vielmehr seine Geschwister zu respektieren und nutzen Sie dafür ein Belohnungssystem.

Vor allem sollten Sie sich von den Geschwistern erklären lassen, was sie am Kind mit ADHS nicht mögen. Stempeln Sie es ihnen gegenüber niemals als „Problemkind“ ab, sondern bringen Sie ihnen bei, dass jeder Mensch anders und einzigartig ist. Kinder mit ADHS lernen zu Hause, mit ihren Gefühlen und Enttäuschungen umzugehen. Ihr Zuhause ist gewissermaßen das Trainingslager, in dem sie sich auf das Leben in der Gesellschaft vorbereiten.

Von der Theorie zur Praxis

Ich habe in diesem Buch versucht, Ihnen eine kurze Einführung zum Thema ADHS zu geben und dabei Alltagssituationen zu besprechen, die ihnen schon jetzt Schwierigkeiten bereiten oder in Zukunft problematisch werden könnten. Den Ausgangspunkt dafür bildeten die zahlreichen Berichte der Eltern von Kindern mit ADHS, die ich im Zuge meiner beruflichen Laufbahn kennenlernen und begleiten durfte. Alle Beispiele in diesem Buch stammen aus meiner Erfahrung mit meinen kleinen Patientinnen und Patienten.

An dieser Stelle möchte ich Ihnen erklären, weshalb die eingehende Kenntnis der gesamten Welt rund um ADHS eine grundlegende Voraussetzung für das Verständnis und den richtigen Umgang mit Ihrem Kind ist.

Als Ärztin stelle ich Diagnosen und Prognosen. Die Prognose für Kinder mit ADHS-Diagnose ist im Hinblick auf Ausgeglichenheit, geistige Gesundheit, emotionale, berufliche und wirtschaftliche Stabilität denkbar schlecht, wenn die therapeutischen Indikationen für die Störung missachtet werden. **Eine unbehandelte Aufmerksamkeitsdefizit-/Hyperaktivitätsstörung hat langfristig schwere Folgen.**

Wir haben bereits ausreichend klargestellt, dass Kinder mit ADHS besondere Bedürfnisse haben und einen linearen, präzisen, ruhigen, bestimmten und liebevollen Erziehungsstil brauchen. Dabei handelt es sich nicht um einen guten Rat, sondern um regelrechte Anweisungen, mit denen Sie dafür sorgen können, dass Ihr Kind ein besseres Leben hat, in der Schule besser abschneidet, mehr lernt und kein wütender Teenager wird – kurz, dass es im Erwachsenenalter einen langfristigen Arbeitsplatz findet, gegebenenfalls eine stabile Beziehung führen kann und keine wirtschaftlichen Schwierigkeiten oder Probleme mit der Justiz hat.

Die wichtigsten Jahre, die sich entscheidend auf die Prognose und damit auf die Entwicklung der Störung auswirken, sind die ersten neun bis zehn Lebensjahre des Kindes, in der Regel bis zum dritten oder vierten Grundschuljahr. Bis zum vierten Grundschuljahr brauchen Kinder mit ADHS und erheblichen Verhaltens-, Leistungs- und Konzentrationsschwierigkeiten in der Schule Unterstützung, um „funktionieren" zu können. Wenn die Probleme bis zu diesem Alter unverändert schwerwiegend sind, d. h., das Kind in der Klasse weiterhin aufsteht, den Unterricht stört, unaufmerksam ist, Streit sucht und seine Aufgaben nicht erledigt, werden Vorpubertät und Pubertät ausnahmslos sehr problematisch – und zwar nicht nur im schulischen Bereich, sondern auch durch die drohende soziale Ausgrenzung und die Neigung, sich über deviantes Verhalten zu definieren.

Halten Sie sich stets vor Augen, dass Kinder, die häufig gescholten werden und nicht so „funktionieren", wie es die Erwachsenenwelt von ihnen erwartet, oft streiten, in der Schule schlechte Noten und Eintragungen bekommen, stören und zu „Klassenclowns" werden und keine glücklichen Kinder sind, sondern unweigerlich wütend und unsicher werden.

Meine Tipps

Wären Sie in diesem Augenblick in meiner Praxis, würde ich Ihnen nach einer Untersuchung Ihres Kindes mit ADHS ein Parent Training vorschlagen: drei bis fünf Treffen ausschließlich für Eltern (s. Kapitel „ADHS – Behandlung"). Es kann für Eltern eine große Herausforderung sein, wenn ihr Kind aufgrund einer ADHS in der Schule Verhaltens- und Leistungsschwierigkeiten hat – aber wie bereits erwähnt sollten Sie Ihr Kind niemals als „krankes" Problemkind betrachten, sondern vielmehr als ein besonderes Kind, das Ihnen beibringt, wie Sie zu besonderen Erwachsenen werden können.

Mir ist völlig bewusst, dass diese Herausforderung zu einem Teil Ihres persönlichen Lebens wird und damit zwangsläufig von Ihrem Verhältnis zu Ihren eigenen Eltern und schönen wie auch traumatischen Erfahrungen aus Ihrer Kindheit geprägt wird. Ihre Erziehung, Ihre Beziehung zur Schule, Ihre Jugend, Ihre Persönlichkeit, Ihre mentale und körperliche Ausgeglichenheit, aber vor allem Ihre Paardynamik und die gemeinsame Erziehungsarbeit zusammen mit Ihrer Partnerin oder Ihrem Partner werden dabei eine wichtige Rolle spielen. In der Praxis wird es Ihnen kaum gelingen, immer nur bestimmt, besonnen und liebevoll zu sein: Sie werden die Geduld verlieren, laut werden, streiten, und manchmal Ihr Kind zu Unrecht bestrafen. Bremsen Sie sich in solchen Fällen sofort, nehmen Sie sich Zeit für sich selbst, finden Sie Ihre Ruhe wieder und machen Sie sich das Leben so einfach wie möglich. Als Eltern sind Sie nicht mehr nur für sich selbst verantwortlich, sondern auch für Ihre Kinder: Sie tragen die Verantwortung für ihr Verhalten, ihr Wohlbefinden, ihre Gesundheit und ihre Entwicklung.

Achten Sie auf Ihren Kommunikationsstil gegenüber Ihren Kindern, Ihrer Partnerin oder Ihrem Partner und Lehrpersonen: Kommunikation bildet die Grundlage für den „einwandfreien geistigen Betrieb". Informationen müssen klar und leicht verständlich vermittelt werden.

Reagieren Sie niemals aus dem Bauch heraus, wenn Ihr Kind provoziert, ungehorsam ist oder Sie ärgert. Warten Sie lieber darauf, dass sich die negativen Gefühle legen: Sobald Sie sich beruhigt haben und klar denken, finden Sie mit Sicherheit die richtige Erziehungsstrategie für die Situation.

Seien Sie im Alltag gut organisiert, pünktlich, klar und einfach. Improvisieren Sie nicht, sondern geben Sie allem eine Struktur. Wenn Kinder wissen, was als Nächstes passiert, überkommen sie ihre Ängste und ihre Anspannung viel leichter und sind weniger krisenanfällig.

Besondere Vorsicht gilt bei Paarkonflikten: Streiten Sie niemals vor Ihrem Kind. Dies gilt noch viel mehr, wenn es im Streit um Ihr Kind geht – sie würden es nur demütigen und verunsichern.

Ein kleiner Leitfaden

- Tadeln Sie Ihr Kind nicht.
- Vermeiden Sie übermäßig aufregende Tätigkeiten oder geben Sie Ihrem Kind genaue Regeln für den Umgang damit.
- Helfen Sie ihm, seinen Raum zu organisieren.
- Helfen Sie ihm, seine Zeit zu organisieren.
- Achten Sie darauf, dass es ausnahmslos seine Schulsachen richtig aus- und einräumt und seine Aufgaben erledigt.
- Bringen Sie Ihr Kind dazu (zwingen Sie es, falls nötig), mindestens drei Mal pro Woche Sport zu betreiben.
- Nehmen Sie nicht einfach hin, dass Ihr Kind ADHS hat, sondern lernen Sie es zu verstehen und helfen Sie ihm bei Selbstregulierung und Selbstkontrolle.

Positive Verstärkung: Ein wertvolles Instrument

Bei Menschen mit ADHS ist die Motivation, mit der sie eine Tätigkeit ausüben, eng damit verknüpft, wie rasch sie das selbstgesetzte Ziel erreichen können. Diese Beziehung (Geschwindigkeit/Motivation) ist eine mögliche Erklärung dafür, weshalb Aufmerksamkeit und Hyperaktivität je nach der ausgeübten Tätigkeit unterschiedlich stark ausgeprägt sind.

Der *Nucleus accumbens* im Vorderhirn ist für den Mechanismus von Befriedigung/Genuss und das Belohnungssystem des Gehirns zuständig. Funktioniert er einwandfrei, behält er das anfängliche Motivationsniveau bei, das in der Regel bei der Ausübung einer Arbeit oder einer Aufgabe steigen sollte.

Selbst wenn die Befriedigung nicht sofort einsetzt, sollte die Motivation im Normalfall über die Zeit konstant sein – bei Kindern mit ADHS hingegen scheint das Niveau rapide abzufallen. Damit sie sich weiterhin bemühen, brauchen sie sofortige Befriedigung.

Geben Sie daher bei jedem Erfolg Ihres Kindes und wann immer es sich korrekt und dem Kontext angemessen verhält, stets positives Feedback. Tadel und Strafen sind nicht zielführend, sondern wirken sich negativ auf sein Selbstwertgefühl und auf die Beziehung zwischen Ihnen aus.

Vereinbaren Sie mit Ihrem Kind einen besonderen Aspekt, auf den Sie sich konzentrieren, um ihm zu helfen. Halten Sie diese Vereinbarung schriftlich fest und sehen Sie die Möglichkeit vor, dass Ihr Kind eine wohlverdiente Belohnung bekommt, wann immer es eine Verbesserungsaufgabe erfolgreich meistert. Es gilt, wie bereits erwähnt, der Grundsatz des *do ut des*: So unschön es klingen mag, Kinder mit ADHS sind in gewisser Hinsicht käuflich – und Sie können sich diesen Charakterzug zunutze machen, um Verbesserungen zu erwirken. Setzen Sie dabei vor allem auf soziale Belohnungen: Kinobesuche, Übernachten bei Freunden, Radausflüge, Besuch im Haus usw.

SCHLUSSWORT

In diesem Buch habe ich viele Beispiele angeführt. Die zahlreichen Wiederholungen mögen vielleicht überflüssig wirken, aber sie sind gewollt – denn bloße Theorie und konkrete persönliche Erfahrung mit bestimmten Situationen sind zwei völlig unterschiedliche Dinge.

Meine Hoffnung ist, dass Sie innehalten und nachdenken, wenn Sie sich in einer der hier beschriebenen Situationen wiederfinden. Lesen Sie immer wieder nach, wenn Sie Schwierigkeiten mit Ihrem Kind haben.

Wer die eigenen Grenzen, Fehler und Gefühlszustände richtig einschätzen und erkennen lernt, ist glaubwürdiger und setzt sich leichter durch. Das bedeutet, dass Sie in erster Linie an sich selbst arbeiten müssen: Indem Sie Ihre Konditionierungen und falschen Überzeugungen, Fixierungen und unrealistischen Erwartungen überwinden, **werden Sie selbst zum wirksamsten Heilfaktor** für Ihr Kind. Lassen Sie nicht zu, dass es in sozialen Umgebungen (sei es Familie, Schule oder Sport) aufwächst, die Ihr Kind nicht verstehen und nicht verstehen wollen.

Krempeln Sie die Ärmel hoch und lassen Sie sich auf die Herausforderung ein. Beginnen Sie wo immer nötig mit allfälligen Veränderungen bei sich selbst, geben Sie niemals auf und lassen Sie sich dabei helfen, Ihr Kind großzuziehen.

Ich wünsche Ihnen von Herzen viel Erfolg und ein gutes Leben.

MEHR ZUM THEMA ADHS BEI KINDERN

Literaturverzeichnis

APA, *DSM-5 Diagnostic and statistical manual of mental disorders*, Fifth Edition, American Psychiatric Publishing, Washington, DC., 2013 (*Diagnostisches und Statistisches Manual Psychischer Störungen DSM-5®* deutsche Ausgabe herausgegeben von P. Falkai und H.-U. Wittchen, mitherausgegeben von M. Döpfner, W. Gaebel, W. Maier, W. Rief, H. Saß und M. Zaudig)

R.A. Barkley, *Managing ADHD in School: The Best Evidence-Based Methods for Teachers*, Eau Claire, WI: PESI Publishing and Media, 2016

G. Daffi, C. Prandolini, *Adhd e compiti a casa*, Erickson, Trient, 2013

K. Horstmann, J. Steer, *Helping kids and teens with ADHD in school: A workbook for classroom support and managing transitions*. Jessica Kingsley Publishers, 2009

Unterrichtsministerium MIUR, Rundschreiben Nr. 6013 vom 4. Dezember 2009, *Problematiche collegate alla presenza nelle classi di alunni affetti da sindrome Adhd (deficit di attenzione/iperattività)*

Unterrichtsministerium MIUR, Rundschreiben Nr. 4089 vom 15. Juni 2010, *Disturbo di deficit di attenzione ed iperattività*

D. Arcangeli, ADHS *Praxisnaher Leitfaden für Lehrkräfte an Grundschulen*, Athesia, 2023

Leseempfehlungen für Kinder

Vamba, Das Tagebuch von Gian Burrasca, Cooperative, 1996

A. Lindgren, Michel aus Lönneberga, Oetinger, 2023

Zwei unterhaltsame Klassiker zum Vorlesen für Kinder ab sieben Jahren. Eine ausgezeichnete Gelegenheit, um gemeinsam über Streiche zu lachen.

R. Riordan, Percy Jackson, Carlsen

Die mehrbändige Geschichte schildert die Erlebnisse eines missverstandenen Teenagers mit Legasthenie, der häufig die Schule wechseln muss und schließlich entdeckt, dass er ein Halbgott ist.

Webseiten

https://www.adhs-deutschland.de/

Selbsthilfeverein für Menschen mit ADHS (Deutschland)

https://adapt.at/

Arbeitsgruppe zur Förderung von Personen mit ADHS (Österreich)

https://gedankenwelt.de/das-barkley-modell-um-adhs-zu-erklaeren/

INHALT

Bibliografische Information
der Deutschen Nationalbibliothek
Die Deutsche Nationalbibliothek verzeichnet diese Publikation in der Deutschen Nationalbibliografie; detaillierte bibliografische Daten sind im Internet abrufbar: http://dnb.d-nb.de

1. Auflage 2024

Originalausgabe: © Il Castello S.r.l., Milano 73/75 – 20007 Cornaredo (Milano), Italia
Originaltitel: „Bambini con ADHD", red!
Übersetzung: Lorenza Bonetti & Stefano Peroni, Bozen

Umschlagfoto: Matilda Delves / Trevillion Images
Design & Layout: Athesia-Tappeiner Verlag
Druck: Cierre Grafica, Sommacampagna
Papier: Umschlag Symbol Card, Innenteil Munken Print White

Gesamtkatalog unter
www.athesia-tappeiner.com

Fragen und Hinweise bitte an
buchverlag@athesia.it

ISBN 978-88-6839-787-6
ISBN 978-88-6839-788-3 (e-Book)

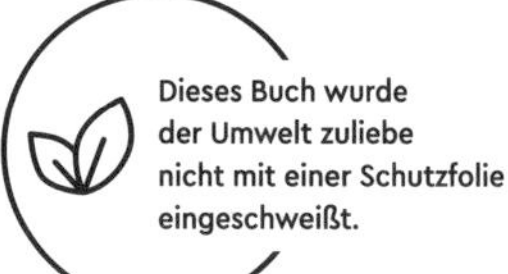